MANFRED BÖCKL

Prophezeiungen für das neue Jahrtausend

Mönch von Wismar/
Eismeerfischer Johansson

MANFRED BÖCKL

Prophezeiungen
für das neue Jahrtausend

Mönch von Wismar/ Eismeerfischer Johansson

BLICK IN DIE ZUKUNFT

SüdOst Verlag

Der Autor dankt dem Stadtarchiv Wismar
für die Unterstützung bei seinen Recherchen.

© SüdOst Verlag GmbH, Waldkirchen 1999
Alle Rechte der Verbreitung, auch durch Fernsehen, Funk und Film,
fotomechanische Wiedergabe, Daten-, Bild- und Tonträger jeder Art,
sowie auszugsweiser Nachdruck vorbehalten.
Gestaltung: Kontraste, Krauß/Meggendorfer GbR, München
Umschlagkonzept: Sigrid Meggendorfer, Kontraste, München
Lektorat und Satz: Beate Schnorfeil

1 2 3 4 5   03 02 01 00 99
Auflage   Jahr

ISBN 3-89682-044-3

INHALT

DAS VOLK DES SIEBENGESTIRNS UND DER UNTERGANG DER VEREINIGTEN STAATEN

„Es wird ein großes Ringen stattfinden von Ost und West, und es wird viele Menschen vernichten. Feurige Drachen werden durch die Lüfte fliegen und Feuer und Schwefel speien und Städte und Dörfer vernichten. Zwei Jahre und fünf Monate wird der Aufruhr dauern. Das Volk des Siebengestirns wird in das Ringen eingreifen. Das Land im Westen wird ein Land der Zerstörung sein.“

„Neue Waffen, wie kein Mensch sie je gesehen hat, richten in den USA fürchterliche Verheerungen an. Zudem kommt es dort zu entsetzlichen Orkanen und Brandkatastrophen. Die größten Städte des Landes gehen unter. Danach wüten die Menschenmassen der Vereinigten Staaten in zwei Bürgerkriegen gegeneinander. Die USA zerfallen in vier oder fünf einander feindlich gesonnene Territorien.“

*****

Der erste Teil dieser furchteinflößenden Schauung stammt aus dem Jahr 1709 und geht auf einen geheimnisvollen Kleriker zurück, welcher unter der Bezeichnung Mönch von Wismar Eingang in die Prophezeiungsliteratur gefunden hat. Der zweite

Teil ist der Großen Vision des legendären Eismeerfischers Anton Johansson entnommen; der Skandinavier erlebte sie am 14. November 1907. Obwohl Johansson seine Schauung beinahe 200 Jahre nach dem Wismarer Mönch hatte, lassen sich die zitierten Prophezeiungen über das Bindeglied „Das Land im Westen" im Wismarer Text auf frappierende Weise verknüpfen.

Fast scheint es so, als hätte der Eismeerfischer die Vision des Klerikers fortgeschrieben – und dies gilt nicht nur für die Kombination der beiden hier aufgeführten speziellen Prophezeiungen. Auch andere Passagen dieser Schauungen des frühen 18. und einsetzenden 20. Jahrhunderts ergänzen sich gegenseitig. Ihre Symbiose ermöglicht damit einen Ausblick, der um so tiefer in das heute noch „verschleierte" dritte Jahrtausend reicht und die eher „nüchtern" formulierten Zukunftsbilder des Eismeerfischers durch gewisse „phantastische" Visionen des Mönches (ein Volk, das von den Sternen kommt und in einen Dritten Weltkrieg eingreift) zusätzlich überhöht.

Das ist jedoch nicht der einzige Grund, warum in diesem Buch die Prophezeiungen zweier Seher gemeinsam vorgestellt werden. Auch ihr Blickwinkel auf den Planeten und dessen künftige Entwicklung ist mehr oder weniger identisch. Sowohl der Mönch von Wismar als auch der in Schweden geborene Eismeerfischer „betrachteten" das künftige Geschehen von nordeuropäischer Warte aus, wodurch sich natürlich im Rahmen ihrer Schauungen bestimmte geographische Schwerpunkte ergaben. Die Visionen beziehen sich in erster Linie auf jenen Raum, der heute Kerngebiet der NATO ist, also den hochindustrialisierten Teil Europas sowie die USA.

Quasi wie zwei Landvermesser, die denselben Bezugspunkt von zwei etwas versetzten Basisorten aus anpeilen, richteten der Mönch von Wismar und Anton Johansson ihren Blick auf ein gemeinsames Ziel und grenzten das dazwischenliegende „Areal" dadurch desto schärfer ein. Beide besaßen das „Dritte Auge"; in der Kombination der etwas unterschiedlichen Blickwinkel gewinnt das, was jeder für sich erkannte, sozusagen zusätzliche

„optische Tiefe". Aus der Symbiose ihrer Prophezeiungen entsteht so ein sehr umfassendes Szenario hochdramatischer Ereignisse, die sich jenseits der Schwelle der Jahrtausendwende ab-
spielen werden oder zumindest Wahrheit werden könnten.

Wie andere herausragende Visionäre auch sprechen die beiden
Nordeuropäer dabei ein globales „Harmageddon" an, das Folge
eines Dritten Weltkrieges in Verbindung mit einer planetaren
Umweltkatastrophe ist. Der Krieg wird mit Waffen von unvor-
stellbarer Zerstörungskraft zu Land, in der Luft und selbst auf
dem Meeresboden geführt. Nach dem Fiasko hat die Erde ihr
Antlitz verändert. Teile des europäischen und amerikanischen
Kontinents sind im Ozean versunken; die Supermacht USA existiert nicht mehr. Aber auch in geistiger Hinsicht gibt es fundamentale Umwälzungen: Die katholische Kirche oder sogar
das Christentum insgesamt sind nur noch Religionsgeschichte.

Dies und eine große Zahl weiterer künftiger Geschehnisse
– jedoch auch eine Fülle bereits eingetroffener Weissagungen –
sind in den Prophezeiungen des Mönchs von Wismar und des
Eismeerfischers Anton Johansson enthalten. Eine komplette
Zusammenfassung ihrer Schauungen, die das kommende Millennium betreffen, findet sich im letzten Kapitel dieses Buches.
Zunächst aber, ehe ein solch „apokalyptisches Fazit" gezogen
wird, sollen die beiden Visionäre mit ihren jeweiligen Biogra-
phien und Prophezeiungen unabhängig voneinander vorgestellt
werden.

ERSTER TEIL

DER MÖNCH VON WISMAR

DAS RÄTSEL UM DEN MÖNCH VON WISMAR UND DIE HERKUNFT SEINER PROPHEZEIUNGEN

Seit beinahe dreihundert Jahren ist die Existenz der Wismarer Prophezeiung durch eine ganze Reihe von schriftlichen Zeugnissen dokumentiert. Es gibt Quellen direkt aus der ehemaligen Hansestadt an der Ostsee, doch auch im Bayerischen- und Böhmerwald läßt sich der visionäre Text - allerdings erst seit der zweiten Hälfte des 18. Jahrhunderts - nachweisen. Offenbar brachten Glasfuhrleute aus dieser mitteleuropäischen Region, die regelmäßige Handelsfahrten nach Norden unternahmen, Abschriften der Prophezeiung in den Süden, wo sie dann bis in die Gegenwart in zahlreichen Häusern aufbewahrt wurden. Ebenso sind Textfassungen bekannt, die seit langer Zeit in Südwestdeutschland oder Hessen gehütet werden, so daß das hohe Alter der Weissagung zweifelsfrei feststeht.

Im dunkeln liegen hingegen die genaue Herkunft der Prophezeiung sowie das Leben des Mannes, von dem sie stammt: jenes geheimnisvollen Mönchs von Wismar. Häufig ist allerdings den verschiedenen handschriftlichen Kopien des visionären Textes aus dem Jahr 1709 eine Volksüberlieferung beigefügt, in der folgendes mitgeteilt wird: Als man kurz nach 1750 im Kloster zum Heiligen Geist zu Wismar eine baufällige Mauer niedergelegt habe, sei in einem Hohlraum ein Pergament zum Vorschein gekommen. Dieses habe den eigentlichen Prophezeiungstext und dazu eine Anmerkung des Verfassers enthalten. Der Visionär habe sich darin als Mönch zu erkennen gegeben und außerdem dargelegt, daß die Weissagung Anno 1709 von ihm selbst niedergeschrieben und anschließend in dem Mauerloch versteckt worden sei.

Leider ist dieses Pergament jedoch spurlos verschollen, und es gibt keinerlei Hinweise auf sein weiteres Schicksal. Möglicherweise wurde es irgendwann im Verlauf des späteren 18. Jahrhunderts von der Obrigkeit oder auch der Kirche eingezogen und vernichtet; vielleicht auch ist es in irgendeinem Archiv verschwunden – oder aber es befindet sich in Privatbesitz, und die derzeitigen Eigentümer haben kein Interesse daran, es der Öffentlichkeit wieder zugänglich zu machen. Als sicher kann jedoch gelten: Das Dokument muß unmittelbar nach seiner Auffindung für eine gewisse Zeit Allgemeingut gewesen sein, denn nur so konnten die zahlreichen Abschriften entstehen, die während der folgenden Generationen bis Süddeutschland verbreitet wurden.

Das heutige Wismar

In der Volksüberlieferung heißt es dazu, das Original der Prophezeiungen sei im Wismarer Rathaus lange „unter Glas und Rahmen" aufbewahrt gewesen. Davon jedoch wußte man dort bereits 1917 nichts mehr, wie der Ratsarchivar Dr. Friedrich Techen in der „Wismarer Zeitung" vom 30. September des genannten Jahres feststellte. Er tat das, weil während des Ersten Weltkrieges zahlreiche Anfragen nach dem Exponat an den Magistrat der ehemaligen Hansestadt gerichtet wurden; schroff erklärte Dr. Techen damals: „Selbstverständlich hat es das Schriftstück weder [...] in Wismar [noch] sonstwo je gegeben. In Wismar besteht bekanntlich auch kein Kloster, sondern nur ein Hospital zum Heil. Geiste. Eine Mauer ist dort nicht niedergelegt worden."

Weiter äußerte der Ratsarchivar die Meinung, daß überhaupt nie eine Wismarer Prophezeiung existiert habe und die Gerüchte darüber lediglich aufgrund der durch den Krieg verursachten Hysterie und Zukunftsangst aufgekommen seien. Darin freilich irrte Dr. Techen, denn sowohl in der Bevölkerung Wismars als auch anderswo in Deutschland lebte bereits seit Jahrhunderten das Wissen um das Vermächtnis des rätselhaften Mönchs fort, und genau deswegen waren 1917 auch die zahlreichen Briefe in der Stadt an der Ostsee eingetroffen. Ähnlich oberflächlich urteilte der Ratsarchivar über den Schauplatz der Auffindung des Pergaments, wenn er die vielfältige Überlieferung nur deswegen ins Reich der Phantasie verwies, weil in ihr die Rede von einem „Kloster zum Heiligen Geist" ist, während es 1917 nur ein Hospital mit diesem Namen gab.

Sehr wohl nämlich könnte dieses Siechenhaus um das Jahr 1700 von Mönchen geführt und damit gleichzeitig als Kloster genutzt worden sein, womit die Angabe in der Volkstradition wieder richtig wäre. Und in diesem Fall wäre auch der Rest der Überlieferung stimmig, wonach einer dieser Klosterbrüder vom Heiligen Geist das bewußte Dokument Anno 1709 in einem Mauerhohlraum versteckt habe. Schließlich stellte Dr. Techen seine Behauptung, daß dort keine Mauer niedergelegt worden sei, ausgesprochen leichtfertig auf, denn selbst der fähigste Archivar oder Historiker aus der Zeit des Ersten Weltkrieges hätte außerordentliche Schwierigkeiten gehabt, eine so unbedeutende und rund eineinhalb Jahrhunderte zurückliegende Baumaßnahme wissenschaftlich nachweisen, beziehungsweise ausschließen zu können.

Insgesamt gesehen, erweckt der Zeitungsartikel des Ratsarchivars den Eindruck, als sei es Dr. Techen ganz einfach darum gegangen, die Wismarer Prophezeiung in Bausch und Bogen als Unsinn abzutun. Über die Beweggründe kann lediglich spekuliert werden, doch eine Vermutung ist naheliegend. Da die Weissagung des Mönchs die Folgen des Ersten Weltkriegs mit sehr drastischen Worten ausmalt, könnte sie einem kaisertreuen Beamten der fraglichen Zeit allein schon aus diesem Grund dermaßen staatsgefährdend erschienen sein, daß er alles daransetzte, um sie durch Ableugnen ihrer Authentizität gegenstandslos zu machen.

In der Realität wird es sich mit dem Pergament, auf dem der Mönch von Wismar seine Prophezeiung aufzeichnete, wohl folgendermaßen verhalten haben: Nachdem es kurz nach 1750 entdeckt wurde, stellte man es einige Jahre oder auch Jahrzehnte im Rathaus der Stadt aus. Zahlreiche Bürger, aber auch Besucher Wismars lasen dort den Text, schrieben ihn ab oder gaben ihn mündlich weiter. Irgendwann - vielleicht im Zuge der Aufklärung, als man vielerorts nichts mehr mit „obskurantistischen" Dingen zu tun haben wollte - verschwand das Dokument und ist seitdem verschollen. Sein Inhalt indessen wurde in mehreren Regionen Deutschlands, die wirtschaftliche oder sonstige Verbindungen mit der Stadt an der Ostsee unterhielten, bewahrt - und dies geschah bereits lange vor dem tatsächlichen Eintreffen eines Teils der Visionen, die sich unter anderem auch auf den Ersten Weltkrieg beziehen. Denn die erhaltenen handschriftlichen Kopien, zum Beispiel aus dem Bayerischen Wald, datieren nicht erst aus dem frühen 20., sondern schon aus der zweiten Hälfte des 18. Jahrhunderts.

Die Wismarer Prophezeiung muß infolgedessen aus jener Epoche stammen, die in der Volksüberlieferung genannt wird, und ebensowenig gibt es Anlaß, an jener anderen Tradition zu zweifeln, die sich auf den Verfasser der geheimnisvollen Schrift bezieht. Auch der rätselhafte Mönch von Wismar ist ganz gewiß eine historische Person gewesen; um ihn selbst freilich ranken sich noch mehr Rätsel als um sein präkognitives Vermächtnis. Weder hat sich sein Name erhalten noch gibt es irgendeinen Hinweis darauf, warum er das Pergament in dem Mauerloch verbarg. Spekulationen immerhin sind auch hier möglich, und das Dunkel, das den Kleriker umgibt, lichtet sich zumindest ein wenig, wenn man die Zeit, in der er lebte, näher unter die Lupe nimmt.

Der Mönch von Wismar gab selbst an, daß er seine Visionen im Jahr 1709 niederschrieb und versteckte; demnach wurde er wohl um die Mitte des 17. Jahrhunderts geboren und lebte wahr-

Zar Peter I.

scheinlich noch eine gewisse Zeit im frühen 18. Jahrhundert. Als er ein Kind war, könnte der Dreißigjährige Krieg in seiner Endphase gewütet haben; vielleicht hörte er als Halbwüchsiger vom Friedensschluß in Westfalen Anno 1648. Zar Peter der Große von Rußland muß sein Zeitgenosse gewesen sein; falls er bereits als jüngerer Mönch an der Ostsee rekatholisierte, hätte er dies unter der Ägide von Papst Alexander VIII. getan. Später, als in Rom Innozenz XII. auf dem „Stuhl Petri" saß, wird der norddeutsche Kleriker vermutlich vom russisch-türkischen Krieg und den Auseinandersetzungen Habsburgs mit den Osmanen gehört haben. Auch die militärisch glanzvolle und damit brutale Ära des schwedischen Königs Karls XII. erlebte der Wismarer Mönch sicher noch mit, ebenso zumindest einen großen Teil des Spanischen Erbfolgekriegs, der von 1701 bis 1714 dauerte. Insgesamt läßt sich sagen, daß der Prophet nicht gerade in eine friedliche Zeit hineingeboren war; zeitlebens sah er sich mit einer Welt konfrontiert, in der ein militärischer Konflikt nach dem anderen tobte.

Hinzu kam die religiöse Situation seiner Epoche. Haßerfüllt bekämpften sich Protestanten und Katholiken; unterschwellig hielten diese Auseinandersetzungen noch lange nach dem Westfälischen Frieden von 1648 an. Als Katholik im überwiegend protestantischen Norddeutschland könnte der Mönch von Wismar deshalb Anfeindungen wegen seiner besonderen „mystischen" Gabe ausgesetzt gewesen sein; ebenso aber lief ein Mensch mit dem Zweiten Gesicht stets auch Gefahr, von der päpstlichen Inquisition als Hexer oder Ketzer verfolgt zu werden. Hierin vor allem mag der Grund gelegen haben, warum der außergewöhnliche Kleriker mit seinen Schauungen nicht einfach an die Öffentlichkeit trat, sondern sie zwar niederschrieb, das Pergament dann aber zunächst einmal an einem sicheren Ort verbarg.

Einige Jahrzehnte nach seinem Tod schließlich kamen die Prophezeiungen anläßlich der Niederlegung der bewußten Mauer im Spital oder Klosterspital zum Heiligen Geist wieder ans Tageslicht. Dies muß nicht unbedingt reiner Zufall gewesen sein; möglicherweise hatte der Visionär, der das Gebäude mit Sicherheit gut kannte, gewußt, daß irgendwann entsprechende Maurerarbeiten nötig werden würden, was dann logischerweise zur Entdeckung der Aufzeichnungen führen mußte.

Falls der Mönch von Wismar so plante, hatte er sozusagen zwei Fliegen mit einer Klappe geschlagen: Zunächst hätte er sich selbst vor den Nachstellungen religiöser Fanatiker geschützt, zweitens war durch das geheimnisvolle Wiederauftauchen der Prophezeiungen entsprechende Aufmerksamkeit garantiert, so daß die Weissagungen auch die Resonanz hervorrufen würden, die ihnen gebührte.

Wie die weitere Entwicklung beweist, war genau dies der Fall. Die Schauungen, die auf so spektakuläre Weise in dem uralten Gebäude entdeckt wurden, fanden schnell überregionale Verbreitung und konnten deshalb weit in die Zukunft – für die sie schließlich auch gedacht waren – wirken. Gerade heute, im Übergang vom zweiten zum dritten Jahrtausend, sind sie aktueller denn je, wie das folgende Kapitel, in dem sie vorgestellt werden, zeigt.

DIE PROPHEZEIUNGEN DES MÖNCHS VON WISMAR

Die im Jahr 1709 abgegebene Weissagung bezieht sich zunächst deutlich auf das 20. Jahrhundert mit Schwerpunkt auf dem Ersten Weltkrieg. Anschließend schildert der Visionär Ereignisse, die offenbar im dritten Jahrtausend stattfinden werden. Hier zunächst jene Aussagen der Prophezeiung, die bereits eingetroffen sind und den Mönch von Wismar damit als echten Präkognitiven legitimieren:

Bosheit, Haß, Niedertracht und Verleumdung
werden ein kleines Häuflein aufreizen,
und durch Fürstenmord wird der Brand entfacht.

***

Sieben Reiche werden sich erheben
gegen den Vogel mit zwei Köpfen
und den Vogel mit einem Kopf.

***

Diese Vögel werden ihr Nest beschützen
mit ihren Fittichen,
mit ihren Krallen werden sie es verteidigen.

***

Ein Fürst von der Mitte,
welcher das Pferd verkehrt besteigt,
wird von einem Wall von Feinden umgeben sein.
Ein Volk wird gegen das andere kämpfen,
ein Königreich gegen das andere sein.

***

Der Krieg beginnt, wenn die Ähren sich neigen.
Er erreicht seinen Höhepunkt,
wenn die Kirschen zum fünften Mal blühen.
Den Frieden schließt der Fürst
zur Zeit der Christmette.

*****

Die Interpretation dieser fünf Weissagungen ist aus heutiger Perspektive leicht. Ganz ohne Zweifel sah der Mönch von Wismar etwa zweihundert Jahre vor den wirklichen Geschehnissen Ausbruch, Verlauf und Ende des Ersten Weltkrieges voraus.

In der ersten Sentenz wird das Attentat von Sarajewo angesprochen. Es wurde 1914 von einer kleinen Gruppe serbischer Nationalisten durchgeführt, die den österreichi-

Das Attentat von Sarajewo nach einer zeitgenössischen Darstellung.

schen Thronfolger erschossen, worauf Kaiser Franz Josef – vom Papst aufgestachelt – gegen das der orthodoxen Kirche anhängende Serbien mobil machte und dadurch den Weltkrieg auslöste.

In der zweiten Sentenz charakterisiert der Visionär die im Krieg verbündeten Mächte Österreich und Deutschland anhand ihrer Wappentiere. Die Habsburger Monarchie trug bekanntlich den Doppeladler (den Vogel mit zwei Köpfen) im Banner; für das Deutsche Reich stand der einköpfige Reichsadler. Mit den sieben Reichen, die sich gegen diese „Mittelmächte" erheben würden, meinte der Prophet die „Entente" des Ersten Weltkriegs: Serbien, Rußland, Italien, Frankreich, England, Japan und schließlich die USA.

In der dritten Sentenz wird der verzweifelte Kampf der Donaumonarchie und Deutschlands gegen die Übermacht geschildert. Schon bald – nachdem die Armeen im Stellungskrieg ausgeblutet waren – ging es für die „Mittelmächte" tatsächlich darum, unbedingt ihr eigenes Territorium mit „Zähnen und Krallen" zu verteidigen.

In der vierten Sentenz gibt der Seher von Wismar einen ganz erstaunlich deutlichen Hinweis auf Wilhelm II., den deutschen Kaiser. Dieser „Fürst von der Mitte" (oder eben der „Mittelmächte") litt unter einer Verkrüppelung des linken Armes und konnte deshalb ein Pferd nicht von der „richtigen", also der linken, Seite her besteigen, weil er mit der kranken Hand die Zügel nicht festzuhalten vermochte. Aus diesem Grund saß Wilhelm II. stets an der „verkehrten", der rechten, Seite auf.

Kaiser Wilhelm II.

Ansonsten wird in dieser Prophezeiung noch einmal sehr deutlich gesagt, in welch verheerende Turbulenzen Europa und seine Monarchien durch den Weltkrieg geraten würden.

In der fünften Sentenz endlich macht der Prophet sehr präzise Angaben über den zeitlichen Verlauf des Ersten Weltkriegs. Das Völkermorden brach im August 1914 aus, als das Korn reif war und die schweren Ähren sich neigten. Der Höhepunkt des Grauens war erreicht, nachdem die Kirschbäume seit 1914 fünfmal geblüht hatten: im Frühjahr 1918, als es an den zusammenbrechenden Fronten zu bestialischen Szenen kam. Als Zeitpunkt für den Friedensschluß nennt der Mönch von Wismar nicht ganz zutreffend den Dezember (die Christmette). In Wirklichkeit wurde der Waffenstillstand zwischen Deutschland und den Mächten der „Entente" allerdings am 11. November 1918 unterzeichnet; immerhin lag dieser Tag schon ziemlich nahe an Weihnachten.

*****

Insgesamt gesehen, sind diese Prophezeiungen des norddeutschen Klerikers erstaunlich zutreffend – dennoch geben sie ein Rätsel auf: Warum wird in den Weissagungen des Mönchs von Wismar für den gesamten Zeitraum zwischen ihrer Niederschrift Anno 1709 und der Gegenwart einzig der Erste Weltkrieg erwähnt? „Sah" der Visionär keine weiteren Ereignisse wie etwa die Französische Revolution, den Zweiten Weltkrieg, die erste Mondlandung oder dergleichen voraus – oder war er vielleicht gar nicht daran interessiert, zusätzliche Enthüllungen über die drei Jahrhunderte bis zur Jahrtausendwende zu machen?

Fast scheint es so! Beinahe möchte man meinen, der

Hellseher habe sich, indem er sich mit Hilfe der Schauungen über den Ersten Weltkrieg gegenüber den Menschen des 20. Jahrhunderts als echter Präkognitiver auswies, lediglich als ernstzunehmender Prophet für das dritte Jahrtausend legitimieren wollen. Und wenn wir nun den bedeutend größeren Teil seiner Visionen betrachten, die sich ganz offensichtlich auf das neue Millennium beziehen, dann erkennen wir, daß die wahre Brisanz der Wismarer Prophezeiungen in der Tat hier liegt.

Die Prophezeiungen des Mönchs von Wismar für das neue Jahrtausend

Europa wird zu einer Zeit,
wo der päpstliche Stuhl leer ist in Rom,
von fürchterlichen Züchtigungen
heimgesucht werden.

***

Es zerstört die Klöster
und vernichtet die heiligen Orden.

***

Es eignet sich göttliche Kraft an
und macht sie sich für seine Zwecke dienstbar.

***

*Es wird ein großes Ringen stattfinden
von Ost und West,
und es wird viele Menschen vernichten.*

***

*Die Wagen werden ohne Rosse dahinsausen.
Feurige Drachen werden durch die Lüfte fliegen
und Feuer und Schwefel speien
und Städte und Dörfer vernichten.*

***

*Machtlos werden die Menschen all dem zusehen.
Das Volk wird die Warnung Gottes hören,
und Gott wird sein Antlitz abwenden.*

***

*Zwei Jahre und fünf Monate wird der
Aufruhr dauern.*

***

*Hungersnot, Seuche und Pest
werden mehr Opfer fordern als der Krieg.*

***

*Die Zeit wird kommen,
wo du weder kaufen noch verkaufen kannst.
Dein Brot wird gezeichnet und zugeteilt.*

***

*Die Meere werden sich rot von Blut färben,
und die Menschen werden auf dem Grunde des
Meeres wohnen und auf ihre Beute lauern.*

***

*Das Volk des Siebengestirns
wird in das Ringen eingreifen
und dem bärtigen Volk in den Rücken fallen
und sich von der Mitte abwenden.*

***

*Der ganze Niederrhein wird erzittern und erbeben,
aber nicht untergehen,
sondern bestehen bis an das Ende der Zeit.*

***

*Das Land im Westen
wird ein Land der Zerstörung sein.*

***

*Das Land im Meer
wird mit seinem König geschlagen
und auf die tiefste Stufe des Elends kommen.*

***

*Das bärtige Volk wird lange
auf seinem Stande stehenbleiben.*

***

Alle Völker der Erde
werden in Mitleidenschaft gezogen,
und es findet ein Ringen und Wogen
gegen alle Völker statt.

***

Der Sieger wird einen Kranz tragen,
und zwischen vier gleichen Städten
mit vier gleichen Türmen
findet die Entscheidung statt.

***

Gott wird sprechen zu einem Manne:
Sage dem Manne mit dem weißen Kleide
und dem schwarzen Gesicht:
Erhebe dich von deinen Banden und sei frei
von dem Joche der Ungläubigen.

*****

Ohne Zweifel schildert der Mönch von Wismar in diesen Prophezeiungen für das dritte Jahrtausend einen Dritten Weltkrieg, eine globale Naturkatastrophe und eine fundamentale soziale Umwälzung, die offenbar nach der Menschheitskatastrophe stattfindet. Außerdem sieht es so aus, als würden Außerirdische eine gravierende Rolle im Verlauf dieser Entwicklung spielen – und im folgenden Kapitel soll nun versucht werden, die Weissagung des Propheten für das neue Millennium genauer zu interpretieren.

DIE WEISSAGUNG VON WISMAR FÜR DAS NEUE JAHRTAUSEND – EINE INTERPRETATION

„Europa wird zu einer Zeit, wo der päpstliche Stuhl leer ist in Rom, von fürchterlichen Züchtigungen heimgesucht werden."

So lautet der Satz, mit dem der Mönch von Wismar jene Visionen im Kontext seiner Prophezeiungen einleitet, die sich auf das dritte Jahrtausend beziehen. Er klopft damit den Zeitpunkt fest, zu dem die katastrophale Entwicklung einsetzen wird – und es ist sehr wahrscheinlich, daß dies noch in der ersten Hälfte des 21. Jahrhunderts passiert.

Den Untergang des Papsttums haben nämlich auch andere Seher wie der irische Bischof Malachias, der bayerische Sensitive Alois Irlmaier oder der Bayerwaldprophet Mühlhiasl[1] nur zu deutlich angesprochen; ebenso gibt es in dieser Richtung eine Reihe erhellender Äußerungen des großen französischen Propheten Michel de Notredame oder Nostradamus. Sie alle stimmten darin überein, daß die Tage der Papstkirche kurz nach der Jahrtausendwende gezählt sind. Am präzisesten kommt dies in den berühmten Papstprophezeiungen des Malachias zum Ausdruck, der im 12. Jahrhundert jedes einzelne Kir-

---

[1]Siehe zu diesen und weiteren im Buch erwähnten Hellsehern die entsprechenden Werke des Autors, die im Literaturverzeichnis aufgeführt sind.

chenoberhaupt, das vom Hochmittelalter bis zum Beginn des dritten Millenniums noch regieren würde, durch außerordentlich zutreffende Orakelsprüche charakterisierte. Der drittletzte Papst ist danach Johannes Paul II., so daß nur noch seines und ein weiteres Pontifikat – also wenige Jahrzehnte – verstreichen werden, bis zuletzt ein Pontifex Maximus mit dem Namen Petrus Romanus auftritt, unter dessen Herrschaft der vollständige Zusammenbruch der römisch-katholischen Kirche erfolgen wird.

Dies ist nun laut der Prophezeiung des Mönchs von Wismar gleichzeitig der Moment, zu dem die Menschheit in die schlimmste Katastrophe ihrer Geschichte taumelt, und wenn der norddeutsche Visionär schreibt, daß zu Beginn des Fiaskos Klöster zerstört und Mönchsorden vernichtet würden, dann stimmt er auch darin wieder mit den oben erwähnten Hellsehern überein. Denn Nostradamus sprach davon, daß die Priester „ihr Blut speien" würden; Alois Irlmaier sah zahllose Kleriker „in ihrem Blut liegen", und der bereits erwähnte Bayerwaldprophet Mühlhiasl äußerte, der christliche Glaube werde so klein werden, daß man ihn mit einem Peitschenknall vertreiben könne.

Nach den Worten des Wismarer Mönchs wird die Menschheit sich im 21. Jahrhundert jedoch nicht nur von der christlichen Religion lossagen, sondern sich selbst „göttliche Kraft" aneignen. Dieser Hinweis auf die vermeintlich gefahrlose Nutzung der Kernenergie, aber auch der Laser- und, im biologischen Bereich, der Gentechnik, die in Zukunft wohl immer hemmungsloser angewandt werden, ist unmißverständlich – und es kann als sicher angenommen werden, daß dies auch und vielleicht sogar vorrangig im Militärwesen gelten wird. Es werden also vermutlich im ABC-Bereich noch gefährlichere Massenvernichtungswaffen als derzeit entwickelt werden; ebenso ist schon jetzt keineswegs mehr auszuschließen, daß skrupellose Politiker und ihnen dienstbare Wissenschaftler für militärische Zwecke eine Art von „Rambos" klonen und auf diese Weise ganze Divisionen „idealer", sprich: völlig gewissenloser Soldaten, züchten könnten.

Die Folge derartiger Verantwortungslosigkeit ist nun der Ausbruch des „großen Ringens" zwischen „Ost und West". Diese geographische Metapher hat im 21. Jahrhundert sicher eine etwas andere Bedeutung als in der Zeit des Kalten Krieges; wahrscheinlich sind unter dem „Westen" die neokapitalistischen Industrienationen, allen voran die USA, zu verstehen, während der „Osten" die ärmeren Länder der Erde symbolisiert. Betrachtet man die derzeitige Politik der Vereinigten Staaten von Amerika, die unter dem Deckmantel der sogenannten Globalisierung ganz offensichtlich die wirtschaftliche Weltherrschaft anstreben, dann wird die Linie, die zu einem Dritten Weltkrieg führen könnte, deutlich. Bereits jetzt fürchten viele kleinere Völker mit Recht um ihre Unabhängigkeit und dazu ihre kulturelle Identität, und wenn die US-Hegemonie über den Planeten noch stärker werden sollte, könnte es sehr wohl zu einem Aufstand asiatischer, afrikanischer und südamerikanischer „Drittländer" (und möglicherweise auch europäischer Völker, die nicht länger bloße „Vasallen" der USA sein wollen) dagegen kommen.

Auf welche Weise ein solcher künftiger Globalkonflikt ausgetragen werden würde, beschreibt der Mönch von Wismar in seiner nächsten Vision. Es werden „dahinsausende" Panzerverbände kenntlich, die augenscheinlich imstande sind, sehr schnelle taktische Operationen durchzuführen; vor allem aber wird der Krieg in der Luft ausgetragen. Die „feurigen Drachen", die „Feuer und Schwefel speien", sprechen für sich: Kampfflugzeuge, welche nicht nur mit Bordkanonen und Bomben armiert sind, sondern zusätzlich übelriechende chemische Waffen einsetzen.

Zu allem Überfluß scheinen die Armeen bald auch noch außer Kontrolle zu geraten, wenn die Menschen selbst der Zerstörung „machtlos zusehen" müssen. Obwohl sie eine „Warnung Gottes" vernehmen und das Ruder vielleicht noch herumreißen wollen, sind sie dazu nicht mehr imstande; sogar „Gott" wird vielmehr angesichts des Grauens „sein Antlitz abwenden" müssen. Konkret gesagt: Mehr noch als im Zweiten wären in einem Dritten Weltkrieg vor allem Zivilisten die Opfer – möglicherweise auch deswegen, weil eine computergesteuerte Militärtechnik im Verbund mit den weiter oben erwähnten geklonten menschlichen Mordmaschinen sich völlig selbständig machen könnte.

Dieses Inferno wird nach den Worten des Propheten beinahe zweieinhalb Jahre anhalten, und da die Zivilisation zusammenbricht, kommt es auch dort, wo gerade keine Schlachten toben, zu entsetzlichen Hunger- und Krankheitsepidemien. Die letzten Lebensmittel werden rationiert, die Weltwirtschaft liegt völlig darnieder.

In einer weiteren Phase des Wahnsinns weitet der Krieg sich sogar auf die Ozeane aus. Unter Umständen sind zu Beginn des 21. Jahrhunderts noch unterseeische menschliche Ansiedlungen entstanden (Pläne dazu gibt es heute bereits in Japan), und auch deren Bewohner werden nun in den Strudel der Vernichtung gerissen. Aus diesen Städten auf dem Meeresgrund brechen U-Boot-Piraten hervor und richten fürchterliche Gemetzel – vielleicht im Kampf gegen Flottenverbände auf der Wasseroberfläche – an. Ebenso ist es aber denkbar, daß die unterseeischen Siedlungen selbst zerstört werden und deshalb die Ozeane sich „rot von Blut färben".

Jetzt freilich geschieht etwas Unerhörtes. Ein „Volk des Siebengestirns" greift in den Dritten Weltkrieg ein. Diese Prophezeiung klingt zunächst extrem unwahrscheinlich – aber bereits seit der Mitte des 20. Jahrhunderts gibt es Vermutungen, wonach unser Planet von Extraterrestrischen observiert werde. Durchaus ernstzunehmende Zeugen wie Flugkapitäne, Flugüberwacher und Astronauten berichteten vielhundertfach von UFO-Sichtungen, die sie in der Atmosphäre oder dem erdnahen Weltraum gemacht hätten.

Außerdem existieren uralte Menschheitsüberlieferungen, welche besagen, daß bereits in früheren Jahrtausenden außerirdische Besucher auf dem Planeten Erde „gelandet" seien. Bei zahlreichen nordamerikanischen Indianervölkern, wie zum Beispiel den Hopi, gibt es eine Legende, wonach die Urahnen dieses Indianerstammes vom Siebengestirn im Sternbild des Stiers - besser bekannt unter der Bezeichnung „Plejaden" - abstammen würden und von dort auf unseren Blauen Planeten gekommen seien.

Es kann also nicht völlig ausgeschlossen werden, daß Außerirdische, die sich möglicherweise schon sehr lange in unserem Sonnensystem aufhalten, nun tatsächlich intervenieren, um den Dritten Weltkrieg nicht noch verheerender ausufern zu lassen. Mehr noch: Sie ergreifen eindeutig Partei, denn der Mönch von Wismar prophezeit, sie würden sich „von der Mitte abwenden" und dem „bärtigen Volk in den Rücken fallen".

Die „Mitte" könnte in diesem Fall eine Metapher für Neutralität sein. Bislang mischten die Extraterrestrischen sich nicht in die politischen oder auch militärischen Geschehnisse auf der Erde ein, sondern beobachteten lediglich. Jetzt jedoch, weil die Menschheit sich anschickt, ihren eigenen Holocaust zu betreiben, geben die Außerirdischen ihre mehr oder weniger indifferente Haltung auf und attackieren das „bärtige Volk". Mit diesem Teil der Erdbevölkerung aber kann nur die weiße Rasse gemeint sein, deren männliche Angehörige im Gegensatz zu Asiaten, Afrikanern oder auch Indianern über einen starken Bartwuchs verfügen, sehr häufig Barte tragen und von anderen Völkern traditionell auch so dargestellt werden. Die Europäer und vermutlich mehr noch die Nordamerikaner sind also diejenigen, denen der Angriff der Extraterrestrischen gilt - weil nämlich das „Volk des Siebengestirns" sie, beziehungsweise die westlichen Industrienationen, für das Desaster auf dem Blauen Planeten verantwortlich macht.

Die Außerirdischen stellen sich damit auf die Seite der „Drittländer" und verbünden sich vielleicht auch mit jenen europäischen Völkern, die das Joch des Brutalkapitalismus mit seinen menschenverachtenden und umweltzerstörerischen Folgen abzuschütteln und sich von der US-Hegemonie zu befreien versuchen. Die Niederlande beispielsweise könnten einer jener westlichen Staaten sein, die sich bemühen, das Ruder noch rechtzeitig herumzureißen. Denn für den „Niederrhein" sagt der Mönch von Wismar zwar ein „Erzittern" und „Erbeben" vorher, was auf eine wahrscheinlich durch den Krieg ausgelöste Naturkatastrophe (womöglich mit Deichbrüchen und apokalyptischen Sturmfluten) hindeutet, beteuert jedoch gleichzeitig, daß das einst dem Meer abgerungene Marschland dort nicht untergehen werde.

Ganz anders freilich sieht es nach der von den Extraterrestrischen erzwungenen Wende des Dritten Weltkrieges jenseits des Atlantiks aus. Die Vereinigten Staaten von Amerika, die der Visionär als das „Land im Westen" bezeichnet, werden „ein Land der Zerstörung sein". Was das präzise bedeutet, hat der Eismeerfischer Anton Johansson in seiner Großen Vision vom 14. November 1907, die im einleitenden Kapitel auszugsweise zitiert wurde, näher erläutert; wir werden im zweiten Teil dieses Buches noch umfassend darauf zu sprechen kommen. Hier nur soviel: Im Verlauf der globalen Auseinandersetzung erleben die USA eine Katastrophe von kaum vorstellbaren Ausmaßen. Die Kataklysmen werden nicht allein von Nuklear- und anderen, heute noch unbekannten, Waffen ausgelöst, sondern zusätzlich bäumt sich die zutiefst geschundene Natur auf: die „vergewaltigte Mutter", wie es dazu in einschlägigen indianischen Weissagungen heißt. Vor allem scheinen gigantische Wirbelstürme das Territorium unter dem Sternenbanner zu verwüsten; Orkane, die wiederum Feuerstürme in den bereits jetzt durch weitgehende Umweltzerstörung ausgetrockneten Waldgebieten der USA verursachen.

Aber auch europäische Staaten erleiden fürchterliche Heimsuchungen, so das „Land im Meer", unter dem wohl Britannien zu verstehen ist, das „mit seinem König geschlagen" wird. Auch dazu finden sich weitere Details in der Prophezeiung des Eismeerfischers, welche erhellen, warum der Kleriker aus Wismar davon spricht, daß Britannien (das unter der Regierung Thatcher als erster westeuropäischer Staat den fatalen Weg in die sogenannte Zweidrittelgesellschaft einschlug) „auf die tiefste Stufe des Elends" kommt.

Weiter heißt es in der Wismarer Weissagung, das „bärtige Volk" werde „lange auf seinem Stande stehenbleiben". Die westlichen Industriestaaten, welche auf der Schwelle vom zweiten zum dritten Jahrtausend noch in dem Wahn befangen waren, den Rest der Welt dominieren zu können, haben nunmehr ihren Einfluß verloren. Ihre Scheinzivilisation, in der die früheren demokratischen und humanen Werte längst mit Füßen getreten wurden, ist zutiefst abgestürzt. Die betreffenden Länder, allen voran abermals die USA, sind sowohl politisch als auch wirtschaftlich bedeutungslos geworden – und dies wird nun im weiteren Verlauf des kommenden Millenniums sehr lange so bleiben.

Die militärische Potenz der Vereinigten Staaten scheint jedoch selbst nach der Katastrophe auf dem nordamerikanischen Kontinent noch nicht völlig gebrochen zu sein, wie die beiden vorletzten Schauungen des Mönchs von Wismar verdeutlichen. Immer noch dauert das „Ringen und Wogen gegen alle Völker" an. Möglicherweise haben sich mittlerweile computergesteuerte Waffensysteme selbständig gemacht, oder aber die Militärs der einstigen „Supermacht" laufen Amok; vielleicht geschieht auch beides. Auf jeden Fall muß letzten Endes eine Entscheidung „zwischen vier gleichen Städten mit vier gleichen Türmen" stattfinden.

Diese identischen Städte und „Türme" deuten einmal mehr auf die USA hin; nur dort sind die Metropolen mit ihren gesichtslosen Wolkenkratzern längst austauschbar oder eben „gleich" geworden. Im Osten der Vereinigten Staaten liegen nun vier solcher Megastädte fast auf einer Linie: Chicago, Detroit, Pittsburgh und Baltimore. Dort konzentriert sich zudem die Militärindustrie der USA – und deshalb sieht es ganz so aus, als würden die Außerirdischen aus diesem Grund genau hier den finalen und entscheidenden Schlag führen, um den Dritten Weltkrieg zu beenden. Und die Metapher vom Sieger mit dem „Kranz" könnte bedeuten, daß kranz- oder ringförmige Gebilde – nämlich UFOs – den Ausschlag gaben und den Frieden wiederherstellten.

In seiner letzten Prophezeiung schließlich gebraucht der Mönch von Wismar Sätze von zeitloser Schönheit und Größe: „Gott wird sprechen zu einem Manne: Sage dem Manne mit dem weißen Kleide und dem schwarzen Gesicht: Erhebe dich von deinen Banden und sei frei von dem Joche der Ungläubigen."

Im Einklang mit dem göttlichen Willen, welcher Machtdenken, Unterdrückung Schwächerer und rücksichtslosen Umgang mit der Natur auf Dauer nicht duldet, wird dem derzeit noch geknechteten Teil der Menschheit seine Befreiung verkündet. Das „schwarze Gesicht" deutet ganz klar auf die Völker der dritten Welt hin; das „weiße Kleid" hingegen gibt global all jenen Hoffnung, die sich trotz der historischen Fehlentwicklung, die zur Katastrophe führte, ihre Unschuld – also die Fähigkeit zu humanem Empfinden und Handeln im Einklang mit den Geboten der Natur – bewahrt haben. Sie haben die Herrschaft der „Ungläubigen" abgeschüttelt: jener Despoten eines völlig außer Rand und Band geratenen Kapitalismus, die in Verkennung des ewigen und unverbrüchlichen Gesetzes, an das diese nicht mehr glaubten, den Planeten an den Rand des Untergangs brachten.

*****

Dies ist in letzter Konsequenz die Botschaft des Sehers von Wismar, der über mehr als dreihundert Jahre hinweg in das anbrechende dritte Millennium blickte. Sehr viel näher am neuen Jahrtausend lebte Anton Johansson – und vieles von dem, was der norddeutsche Kleriker nur in groben Umrissen sah, gewinnt in der Großen Vision des Eismeerfischers, mit der wir uns nun im zweiten Teil dieses Buches beschäftigen wollen, deutlichere Konturen.

ZWEITER TEIL

DER EISMEERFISCHER
ANTON JOHANSSON

DAS UNGEWÖHNLICHE LEBEN DES EISMEERFISCHERS ANTON JOHANSSON

Am 24. Mai 1858 wurde der schwedischen Kleinbauernfamilie Johansson der ersehnte Stammhalter geboren. Der evangelische Pastor der zuständigen Pfarrei Tärna taufte den Jungen auf den Namen Anton; als Geburtsort trug er das Dorf Mosjöen in der Norrländischen Provinz Västerbotten ins Kirchenbuch ein. Zunächst, während im Lauf der folgenden Jahre unter dem ärmlichen Dach des beinahe schon am Polarkreis liegenden Bauernhauses sechs weitere Geschwister zur Welt kamen, wuchs der Bub heran wie jeder andere auch. Doch dann, als die Pubertät einsetzte, veränderte sich das Leben des halbwüchsigen Anton Johansson schlagartig.

Quasi über Nacht entwickelte der Junge präkognitive Fähigkeiten, die sich freilich anfangs auf eher unspektakuläre Weise äußerten. Zum Beispiel, wenn Anton mit seinem Vater, der neben seiner kleinen Landwirtschaft auch die Küstenfischerei betrieb, aufs Meer hinausfuhr. Immer wieder machte der Halbwüchsige, sobald das Boot den Hafen verlassen hatte, spontane Angaben darüber, wie der Fang an diesem Tag ausfallen würde – und stets behielt er recht, denn ganz wie er gesagt hatte, blieben die Netze leer oder wurden voll. Ähnlich verhielt es sich, wenn er nach den Aussichten für die kommende Ernte befragt wurde. Auch in solchen Fällen vermochte Anton gute oder schlechte Erträge vorherzusehen; ebenso warnte er seine Eltern und die Nachbarn hellsichtig vor drohenden Wettereinbrüchen.

Darüber hinaus zeigte sich bei dem heranwachsenden Johansson eine weitere verblüffende Gabe. Sie betraf Personen, die Anton nie zuvor gesehen hatte, die er aber trotzdem mit ihrem genauen Namen benannte und haargenau beschrieb. Zudem beharrte er felsenfest darauf, daß diese Leute nach Monaten oder gar Jahren in Mosjöen, beziehungsweise Tärna, eintreffen würden – und auch darin täuschte er sich nie. Tauchten diese Menschen – Lehrer, Beamte oder auch Geistliche – nach der angegebenen Zeit tatsächlich auf, begrüßte der Halbwüchsige sie wie alte Bekannte, was bei den Betroffenen verständlicherweise einige Verwirrung und manchmal sogar schroffe Reaktionen gegenüber dem Jungen hervorrief.

Diejenigen indessen, die Anton Johansson schon von Kindheit an kannten, nahmen seine ungewöhnliche Gabe hin; ohnehin hatten die Kleinbauern in der kargen Provinz Västerbotten in jenen frühen siebziger Jahren des 19. Jahrhunderts andere Sorgen. Das Land litt damals nämlich unter einer Reihe schwerer Mißernten, wodurch viele Bauernfamilien verarmten und ihre Höfe aufgeben mußten. 1874 traf dieses Schicksal auch die Johanssons, worauf sie sich zur Auswanderung nach Norwegen entschlossen.

Nach einigen Umwegen ließ sich die Familie – Anton zählte jetzt knapp sechzehn Jahre – in Lebesby in der Provinz Finnmarken nieder. Der Ort liegt nahe des Nordkaps an der Küste; etwa 600 Kilometer nördlich von Mosjöen. Das Klima ist dort noch rauher als in Västerbotten, auch die Böden sind unergiebiger, doch die Johanssons hatten nach dem wirtschaftlichen Zusammenbruch in Norrland wohl keine andere Wahl gehabt. Mühsam und oft am Rand des Existenzminimums dahinvegetierend, versuchten Anton und seine Angehörigen sich eine neue Lebensgrundlage als Ackerbauern und Fischer zu schaffen. Wenn sie auf ihren kärglichen Feldern arbeiteten, sahen sie in der Ferne manchmal Rentierherden vorbeiziehen, da in der dünnbesiedelten Provinz Finnmarken neben der seßhaften Bevölkerung auch Nomaden leben: die geheimnisvollen Lappen, die bis heute ungefähr ein Drittel der dortigen Population ausmachen.

Anton Johansson kam bestimmt irgendwann in näheren Kontakt mit diesen Samen, wie sie sich in ihrer eigenen Sprache nennen; wir werden im nächsten Kapitel untersuchen, auf welche Weise sich das auf die weitere Entwicklung seiner Sehergabe ausgewirkt haben könnte. Vorerst jedoch mußten die Johanssons noch härter als in Schweden um ihr Überleben kämpfen. Bald stellte sich heraus, daß der kleine Bauernhof und der oft unergiebige Fischfang nicht alle Familienmitglieder zu ernähren vermochten. Deshalb schaute der nunmehr erwachsene älteste Sohn – der nun gelegentlich kurz in Trance fiel und dabei Unglücksfälle in der näheren Umgebung von Lebesby vorhersah – sich nach einem Zusatzverdienst um.

Der Gemeinderat von Lebesby stellte ihn schließlich als Hilfspolizisten an; zeitweise bekleidete Anton Johansson auch andere untergeordnete und deshalb schlecht bezahlte öffentliche Ämter. Etwas leichter wurde es für ihn, als es ihm später gelang, als Assistent in die norwegische Landvermessungskommission berufen zu werden. Jetzt führte er die Meßtrupps, die aus der Großstadt nach Finnmarken kamen, durch die einsame und unwegsame Landschaft und verdiente damit sowie durch seine vielfältigen übrigen Tätigkeiten im Lauf der Jahre immerhin so viel, daß er ein kleines Anwesen am Laxefjord erwerben konnte.

Obwohl er jetzt eine eigene Familie hätte gründen können, blieb Johansson unverheiratet und kinderlos. Zurückgezogen lebte er noch einige Jahrzehnte als Bauer und Küstenfischer; nebenher erfüllte er nach wie vor seine öffentlichen Funktionen. Während dieser Zeit entwickelte er zusätzlich zu seiner präkognitiven weitere paranormale Fähigkeiten: so die eines Geistheilers. Er „besprach" Kranke und soll damit ganz erstaunliche Erfolge erzielt haben; auch darüber mehr im nächsten Kapitel.

Ebenso ist überliefert, daß er an Menschen, die sich einer tödlichen Bluttat schuldig gemacht hatten, das „Kainsmal" zu erkennen vermochte: einen nur für ihn sichtbaren breiten schwarzen Streifen im Gesicht eines Mörders. Entweder sah er dieses Zeichen auf entsprechenden Zeitungsfotos, die man ihm vorlegte, oder aber er erkannte es an Personen, denen er in seiner Eigenschaft als Hilfspolizist persönlich gegenübertrat – und Anton Johansson konnte auf diese Weise zur Aufklärung etlicher Kapitalverbrechen beitragen.

Nachdem er in einer Novembernacht des Jahres 1907 seine Große Vision erlebt hatte, versuchte der Eismeerfischer mehrmals, verschiedene europäische Staatsoberhäupter vor einer drohenden Menschheitskatastrophe zu warnen. Zunächst schickte er schriftliche Botschaften an die norwegischen und schwedischen Königshäuser in Oslo und Stockholm; als er keine Beachtung fand, reiste er persönlich in die skandinavischen Hauptstädte, erlangte jedoch keinen Zugang zu den Palästen. Man hielt ihn dort offenbar schlicht für einen Spinner, und nicht weniger falsch schätzte man ihn in Deutschland ein, wo der Hofstaat Kaiser Wilhelms II. Anno 1913 – also nur ein Jahr vor Ausbruch des Ersten Weltkrieges – Johanssons Brandbriefe, in denen er das unmittelbar bevorstehende Völkermorden eindringlich ansprach, ebenfalls ignorierte.

Als Anton Johansson kurz nach dem Krieg nach Berlin fuhr, um die nunmehr demokratische Regierung der Weimarer Republik über die drohende Katastrophe eines Zweiten Weltkrieges in Kenntnis zu setzen, schenkte man ihm abermals kein Gehör. Es muß außerordentlich bitter für ihn gewesen sein, als seine

Der Potsdamer Platz in Berlin 1924

Warnungen wiederum in den Wind geschlagen wurden, obwohl sich die Wahrheit seiner Prophezeiungen hinsichtlich des Ersten Weltkrieges mittlerweile vollauf bestätigt hatte. Verbittert kehrte der nach außen hin so unscheinbare Mann in seine skandinavische Heimat zurück, bemühte sich aber weiterhin brieflich, die sogenannten Großen der Welt zur Einsicht zu bringen.

Die Politiker indessen blieben verstockt; bei der Bevölkerung Norwegens und Schwedens hingegen erreichte der Eismeerfischer ab 1919 durchaus eine gewisse Resonanz. In diesem Jahr nämlich erschien seine Große Vision erstmals in Buchform. Herausgeber war ein Stockholmer Vermessungsingenieur namens Gustafsson, der schon lange mit Johansson in Kontakt war und dessen Weissagungen niedergeschrieben hatte.

Während der zehn Jahre, die Anton Johansson noch lebte, erreichte das Buch mehrere Auflagen. Der Visionär selbst jedoch zog sich immer mehr zurück und verstarb am 10. Januar 1929 beinahe unbeachtet im Alter von siebzig Jahren in seinem ärmlichen Holzhaus am Laxefjord. Sein Ruf als Prophet freilich hatte sich längst über Norwegen und Schweden hin ausgebreitet; dies auch, weil Johansson immer wieder Aufsehen durch speziellere, nicht in seinem schriftlichen Nachlaß enthaltene Präkognitionen erregt hatte, die teilweise noch zu seinen Lebzeiten eingetroffen waren.

Darüber mehr im Kapitel „Die Warnung des Eismeerfischers vor dem Untergang der Titanic und andere spektakuläre Schauungen"; hier zunächst der Versuch einer Chronologie seiner parapsychologischen Entwicklung, die zumindest an einigen „Eckpunkten" festgemacht werden kann.

*****

Wie bereits erwähnt, zeigte sich die Gabe des Eismeerfischers Anton Johansson bereits in seiner Jugend, als er Vorhersagen über Fischzüge oder Ernteerträge machte, die sich anschließend als zutreffend bestätigten. Außerdem sah er, lange bevor sie tatsächlich dort eintrafen, bestimmte Menschen nach Mosjöen oder Tärna kommen. Die schwarzen Balken über den Gesichtern von Gewaltkriminellen hingegen erblickte er in seinen frühen Jahren noch nicht; diese Fähigkeit prägte sich erst bei ihm aus, nachdem er längst erwachsen war. Daraus und aufgrund einer Reihe weiterer Indizien läßt sich schließen, daß das paranormale Talent, welches Anton Johansson bestimmt schon angeboren war, sich im Lauf der folgenden Jahrzehnte immer stärker ausformte – und dieser Prozeß scheint in Schüben vonstatten gegangen zu sein.

Ein erster Durchbruch seiner sensitiven Fähigkeit erfolgte zu einem Zeitpunkt, der – parapsychologisch betrachtet – typischer nicht hätte sein können: in der Pubertät. Wie die PSI-Forschung nachgewiesen hat, treten in dieser Phase der menschlichen Entwicklung manchmal extreme „seelische Spannungen" auf, die bei entsprechend veranlagten Jugendlichen ganz erstaunliche paranormale Effekte auslösen können. Diese Halbwüchsigen sind dann beispielsweise imstande, sogenannte Poltergeist-Phänomene hervorzurufen, also Gegenstände in rüttelnde Bewegungen zu versetzen, ohne sie physisch zu berühren. Andere entwickeln präkognitive Fertigkeiten, so wie es auch bei dem jungen Anton Johansson der Fall war. Gewöhnlich allerdings verlieren sich diese Fähigkeiten mit dem Ende der Pubertät wieder; bei dem Sensitiven aus Mosjöen hingegen waren die Schauungen, die er im Alter von vierzehn oder fünfzehn Jahren hatte, quasi nur der erste Schub, der die volle Entfaltung seiner Persönlichkeit auf parapsychologischer Ebene einleitete.

Bald nach der Pubertät nämlich, in der seine Visionen sich auf die alltäglichen Bereiche der Landwirtschaft, des Fischfangs, des Wetters und gewisser Veränderungen im Dorfleben beschränkt hatten, begann Anton zusätzlich außergewöhnliche künftige Ereignisse vorherzusagen. Es handelte sich zumeist um Unglücksfälle in der näheren Umgebung seines nunmehr norwegischen Heimatortes, die er Wochen oder gar Monate zuvor in beklemmenden Gesichten erblickte. Da ihm dies einige

Jahre früher noch nicht möglich gewesen war, muß bei dem jungen Mann, kaum daß er ins Erwachsenenalter getreten war, ein weiterer paranormaler Entwicklungsschritt erfolgt sein. Offenbar hatte seine einschlägige Sensibilität sich aus irgendeinem Grund gesteigert, weshalb er nun sozusagen auf zukünftige gravierende „Erschütterungen" reagierte, die den normalen Ablauf des dörflichen Lebens störten.

Genau hier scheint etwas einzusetzen, das letztlich zu den global bedeutenden Visionen führte, die er Jahrzehnte später durchlitt. Denn er sah Menschen leiden und gelegentlich auch schon sterben – und exakt das sollte ja das große „Thema" seiner späteren Prophezeiungen werden, in denen er vor einer Menschheitskatastrophe warnte. Wie es aussieht, näherte er sich diesem umfassenden Grauen sozusagen Schritt für Schritt an; seine Fähigkeit, Mörder an ihrem „Kainsmal" zu erkennen, die sich entwickelte, nachdem er zum reifen Mann geworden war, kennzeichnet ohne Zweifel einen weiteren Meilenstein auf diesem Weg. Und dann, kurz nach der Jahrhundertwende, als Anton Johansson in seinem fünften Lebensjahrzehnt stand, kam es zu einem Dreiklang ausgesprochen aufsehenerregender Präkognitionen.

Jeweils wenige Wochen ehe die Tragödien tatsächlich passierten, sagte der Eismeerfischer den verheerenden Vulkanausbruch von St. Pierre (1902) sowie die schrecklichen Erdbeben von San Francisco (1906) und Messina (1908) voraus. Auch darüber Ausführlicheres im Kapitel „Die Warnung des Eismeerfischers vor dem Untergang der Titanic und andere spektakuläre Schauungen". Hier soll lediglich festgehalten werden, daß Anton Johansson damit seinen letzten „Entwicklungsschub" durchlaufen und parallel dazu die höchste Potenz seiner hellseherischen Kraft entfaltet hatte.

Denn ebenfalls in der ersten Dekade des 20. Jahrhunderts, am 14. November 1907, erlebte er seine Große Vision (mehr über die näheren Umstände im folgenden Kapitel), in deren Verlauf er mental bis ins dritte Jahrtausend blickte und die in der Zukunft drohenden Kataklysmen wie einen Film vor seinem inneren Auge ablaufen sah. Eine Fülle entsetzlicher Bilder, von denen er später nur einen Teil verbal wiederzugeben vermochte, stürmte auf den Eismeerfischer ein. Diese umfassende Schauung stellte Anton Johansson mit einem Schlag auf dieselbe herausragende präkognitive Stufe wie andere weltberühmte Hellseher, so zum Beispiel den süddeutschen Brunnenbauer Alois Irlmaier (1894 – 1959), der auf dem Gipfelpunkt seines außergewöhnlichen Könnens praktisch ein identisches „andersweltliches" Erlebnis gehabt hatte.

Wenn wir uns den „verborgenen" Lebensweg des außergewöhnlichen Bauern und Fischers jetzt noch einmal in seiner Gesamtheit vor Augen führen, dann wird klar, daß Johansson einen ähnlichen Werdegang durchlief wie etwa ein Künstler, der ebenfalls an seinem naturgegebenen Talent arbeitet und es im Lauf der Jahrzehnte - oft unter immensen Schwierigkeiten - zur Meisterschaft bringt. Und ähnlich einem Dichter, Bildhauer oder Komponisten bewegte sich der Eismeerfischer dabei auf einer geistigen Ebene, die für die meisten Menschen lebenslang Terra Inkognita bleibt. Auf welche Weise Anton Johansson in diese normalerweise verschleierten Regionen des „Übernatürlichen" vordrang, soll nun auf den nächsten Seiten untersucht werden.

AUS WELCHEN QUELLEN DES PARANORMALEN SCHÖPFTE DER PROPHET JOHANSSON?

Sobald man sich diese Frage stellt, springt ein Fakt aus der Biographie des Eismeerfischers sofort ins Auge: Anton Johansson verbrachte praktisch sein ganzes Leben – die Reisen nach Oslo, Stockholm und Berlin ausgenommen – in der Einsamkeit des Hohen Nordens. Sowohl in Mosjöen als auch in Lebesby und vor allem am Laxefjord war ihm die Natur außerordentlich nahe; es waren unzerstörte, von der menschlichen Zivilisation so gut wie gar nicht beeinträchtigte Landschaften, in denen er sich bewegte. Selbst heute noch, obwohl der Tourismus mit seinen oft negativen Auswirkungen mittlerweile auch dorthin vorgedrungen ist, wirken Teile dieser nordskandinavischen Regionen unberührt und manchmal wie verzaubert; besonders Finnmarken mit seinen nebelverhangenen Bergzügen, schweigenden Tundren und tief eingeschnittenen Meeresbuchten ist verwunschenes, schier „andersweltliches" Land.

Gerade in derartigen Gegenden aber kommen die Fähigkeiten sensitiv veranlagter Menschen besonders gut zum Tragen. Denken wir nur an die Lüneburger Heide, wo über viele Jahrhunderte hinweg immer wieder die berühmten Spökenkieker auftraten, oder auch den Bayerischen- und Böhmerwald, in deren tiefen Forsten Hellseher wie die Sibylle von Prag, der Mühlhiasl und der Blinde Hirte wirkten. Der große mittelalterliche Prophet Johannes von Jerusalem wiederum erlebte seine Schauungen in der Wüste Palästinas, und der legendäre keltische Visionär Myrddin, besser bekannt als Merlin, meditierte in der Abgeschiedenheit der walisischen Snowdonia-Berge, ehe er seine erschütternden und weit ins dritte Jahrtausend hineinreichenden Weissagungen abgab. Sie alle nutzten ganz bestimmte Kräfte, die nur in besonderen, mental „anregenden" Landschaften wirksam werden, und nicht anders war es bei Anton Johansson, der sein parapsychologisch stimulierendes Umfeld zunächst in Västerbotten und dann vor allem unter dem Firmament der Finnmark fand.

Dort suchte er Weideplätze für seine Schafherde oder ging hinter dem Pflug her, um dem kargen Boden die nächste magere Ernte abzuringen; hier steuerte er sein Fischerboot über die Gewässer des Laxefjords und legte die Netze aus – alles Tätigkeiten, die innigen Einklang mit dem Rhythmus der Natur voraussetzen und den, der sie ausübt, zur inneren Ruhe und Kontemplation führen. Aber nicht allein die Großartigkeit und Unberührtheit dieser Region am äußersten Rand Nordeuropas förderte wohl die angeborene Sehergabe des Eismeerfischers; hinzu kam mit Sicherheit auch ein geophysikalisches Phänomen, das speziell dort auftritt, wo Land und Wasser sich verstärkt gegenseitig durchdringen – wie zum Beispiel an der Küste von Finnmarken, wo Anton Johansson den größten Teil seines Lebens verbrachte. Die Rede ist von den sogenannten „Wasseradern" oder „Erdstrahlen", welche im Gehirn eines Sensitiven paranormale Aktivitäten auslösen können – im Fall Johanssons also die Fähigkeit der Präkognition unterstützten.

Das menschliche Bewußtsein „funktioniert" – auch in seinen „verborgenen" Bereichen – in gewisser Weise auf der Basis elektromagnetischer Strahlung, die der Körper eines jeden lebenden Individuums selbst erzeugt. Elektromagnetische Wellen entstehen nun aber auch dort, wo sich in der Natur Erde oder Gestein einerseits und Wasserströme andererseits aneinander „reiben". Wenn die Psyche eines Mediums jetzt mit diesen „Erdstrahlen" oder „Wasseradern" kommuniziert, dann wird das Bewußtsein quasi zusätzlich stimuliert und vermag jene geistige Ebene zu erreichen, auf der sich extrasensorische Wahrnehmung oder eben Präkognition abspielt.

Hätte sich Anton Johansson in seinen frühen Jahren entschlossen, in eine Großstadt zu ziehen und dort einem bürgerlichen Beruf nachzugehen, so hätte er vielleicht nie jene Entwicklung genommen, die ihn zu seiner Großen Vision befähigte. Möglicherweise wäre sein angeborenes PSI-Talent verkümmert, und es wäre bei den noch nicht sonderlich spektakulären Schauungen seiner Pubertät geblieben, als er den ersten paranormalen Schub erfuhr. So aber, weil der Bauernsohn aus Mosjöen mit seiner Familie zum Nordkap auswanderte und damit in eine Umgebung kam, die ideal für die weitere Ausbildung seiner Gabe war, wurde er zum herausragenden Hellseher. Die einsame und grandiose Landschaft jenseits des Polarkreises sensibilisierte seine Psyche noch mehr als das flache und zudem etwas dichter besiedelte Küstenland von Västerbotten; die geophysikalischen Besonderheiten der Region Finnmarken bewirkten dann im Lauf der Jahrzehnte eine zusätzliche Stimulation seiner PSI-Fähigkeiten - und unter Umständen nutzte der Eismeerfischer das natürliche Phänomen der „Wasseradern" oder „Erdstrahlen" sogar sehr bewußt.

Ähnlich wie der süddeutsche Hellseher Mühlhiasl, der über Jahrzehnte hinweg immer wieder auf einem ganz besonderen Berg meditierte, in dessen Innerem sich inmitten eines natürlichen Quarzvorkommens ein unterirdischer See befindet, könnte auch Anton Johansson eine oder mehrere spezielle Lokationen gefunden haben, mit deren gebündelter elektromagnetischer Strahlung sein Geist besonders gut korrespondierte. Es kann noch nicht einmal ausgeschlossen werden, daß der Eismeerfischer selbst sein bescheidenes Wohnhaus am Laxefjord über einem derartigen „Kraftplatz" errichtete; die Tatsache, daß er gerade dort seine Große Vision empfing, würde dafür sprechen. Auf jeden Fall aber muß ein dermaßen naturverbundener

Mensch wie Anton Johansson ein untrügliches Gespür für „Erdstrahlen" und „Wasseradern" gehabt haben. Wie andere Sensitive auch wird er sich schon instinktiv von solchen Plätzen angezogen gefühlt haben, um dann ihre Kraft auf sich einwirken zu lassen – und möglicherweise standen ihm dabei sogar Menschen eines Volkes zur Seite, das derartige Orte aus spirituellen Gründen bereits seit Jahrtausenden aufsuchte.

*****

Wie bereits im vorangegangenen Kapitel erwähnt, ist die Region Finnmarken bis heute zu einem Drittel von Lappen besiedelt; zu Lebzeiten des Eismeerfischers lag ihr Bevölkerungsanteil noch bedeutend höher. Dieses geheimnisvolle Volk bewohnte bis ins 16. Jahrhundert ganz Finnland sowie die skandinavischen Gebirgsregionen und benutzte eine mittlerweile ausgestorbene Sprache, die sich von allen anderen europäischen Idiomen unterschied. Die Ethnologen können nicht definitiv sagen, woher die Samen, so ihr eigentlicher Name, ursprünglich kamen; ebensowenig lassen sie sich rassisch einordnen. Einigermaßen sicher ist nur, daß diese braunhäutigen, dunkelhaarigen und relativ kleingewachsenen Nomaden oder Halbnomaden irgendwann in grauer Vorzeit aus Osteuropa einwanderten, wobei sie wahrscheinlich den wilden Rentierherden folgten, die sie später domestizierten. Noch in unseren Tagen ziehen die Lappen mit diesen sanftäugigen Renhirschen über die nordeuropäischen Tundren, und dort, wo sie von den oft negativen Einflüssen der modernen Zivilisation verschont blieben, haben sich auch ihre traditionellen heidnischen Wertvorstellungen bis heute erhalten.

Träger der samischen Naturreligion sind die Schamanen: medial veranlagte Frauen und Männer, die neben ihrer priesterlichen Tätigkeit auch die Aufgaben von Heilern, Psychologen, Lehrern – und Hellsehern wahrnehmen. Wenn diese Sensitiven einen Blick in die Zukunft tun wollen, versetzen sie sich entwe-

Rentierherde in Lappland

der durch besondere Tänze in Trance, wobei auch pflanzliche Drogen eine Rolle spielen können; oder aber sie suchen bestimmte Heilige Plätze auf, lassen deren Ausstrahlung auf sich einwirken und meditieren in diesen Kraftfeldern so lange, bis sich eine Vision einstellt.

Anton Johansson, der jahrzehntelang in Finnmarken lebte und mit Sicherheit nicht nur flüchtige Kontakte zu den Lappen pflegte, könnte nun vom einen oder anderen Schamanen sehr wohl als spirituell ebenbürtiger Mensch erkannt worden sein. In diesem Fall wäre höchstwahrscheinlich Wissen um paranormale Praktiken ausgetauscht worden, und ein Indiz dafür ist die Tatsache, daß der Eismeerfischer, nachdem er sich am Laxefjord niedergelassen hatte, als Geistheiler tätig wurde. Johansson, der die entsprechende Gabe zuvor offenbar noch nicht besessen hatte, nahm sich seiner kranken Mitmenschen damit auf genau dieselbe Weise an, wie sie sehr erfolgreich auch von den samischen Inspirierten praktiziert wurde, und das kann eigentlich nur bedeuten, daß er von Schamanen angelernt worden war.

Offenbar brachten sie ihm bei, wie er seine latent schon immer vorhandenen psychischen Fähigkeiten auch im „medizinischen" Bereich anwenden konnte. Im Prinzip wurde er dazu ausgebildet, seine überragende geistige Energie in kranke Körper (und ebenso Seelen) einströmen zu lassen, wodurch seine Patienten neue Lebenskraft im wahrsten Sinne des Wortes erhielten. Wie die Überlieferung besagt, erzielte der Eismeerfischer mit dieser Methode abseits der Schulmedizin ganz erstaunliche Heilerfolge, was letztlich wieder für seine schamanischen Lehrer spricht, die offenbar alles andere als Scharlatane waren. Wenn sich dies aber so verhielt, dann wäre es eigentlich nur logisch, daß Anton Johansson die Hilfe dieser Menschen auch in Anspruch nahm, um sich als Seher weiterzuentwickeln – denn auf dieser Ebene des Paranormalen verfügten die weisen Frauen und Männer der Lappenstämme ebenfalls über jahrtausendelange Erfahrung.

Uraltes Wissen eines geheimnisvollen Naturvolkes, dessen initiierte geistige Führer noch aus der ganzen Fülle des anderswo längst ausgerotteten Heidentums zu schöpfen vermochten, hätte sich dann mit der starken, aber noch nicht in letzter Konsequenz zielgerichteten seherischen Potenz eines christlich erzogenen weißen Europäers verbunden. Die samischen Schamanen hätten in diesem Fall die bis dahin eher „wild wuchernde" Gabe ihres Schützlings veredelt und sie erst so zu ihrer vollen Blüte gebracht – und genau das könnte der letzte und entscheidende Erkenntnisschub im Leben des Eismeerfischers gewesen sein, der ihn schließlich zu seiner Großen Vision befähigte.

Für diese Annahme spricht zusätzlich das Verhalten Johanssons gegenüber verschiedenen Staatsoberhäuptern und auch der deutschen Regierung der Weimarer Republik. Wieder und wieder – weil er eine Berufung zu erfüllen habe, wie er selbst sagte – bemühte sich der Eismeerfischer, den Monarchen und Staatsmännern seiner Zeit die Folgen einer verfehlten, weil stets nur machtorientierten und damit den natürlichen Gesetzen des Lebens zuwiderlaufenden Politik klarzumachen. Er handelte darin nicht anders als der 1992 verstorbene indianische Visionär Sun Bear, der bei seinem Volk der Chippewa die Funktion eines „Medizinmannes", also Schamanen, erfüllte und ebenfalls eine Reihe beschwörender Appelle zur Umkehr an die Mächtigen dieser Erde richtete.

Es scheint von daher tatsächlich so, als wären sowohl der indianische Prophet als auch Anton Johansson „Sprachrohre" eines anderen, höher entwickelten Bewußtseins gewesen, das sich durch sie vernehmbar machen wollte, um die moderne Welt vor einer entsetzlichen Katastrophe zu bewahren. Ein derartiges Bewußtsein aber konnte Johansson unmöglich aufgrund seiner rudimentären Erziehung in einer schwedischen Dorfschule mit obrigkeitshörigen protestantischen Lehrern entwickelt haben, sondern nur im Kontakt mit Menschen von ungleich wertvollerer geistiger Substanz – eben den Schamanen, deren Blick weit über den Tag hinausreichte, die deshalb eine große und gefährliche Entwicklungslinie der Menschheit zu erkennen vermochten und dieses fatale Wissen mit dem Eismeerfischer teilten.

Wenn wir nun die genaueren Umstände von Anton Johanssons Großer Vision, mit der er seine volle prophetische Kraft erreichte, näher unter die Lupe nehmen, so wird einmal mehr deutlich, daß sich hier etwas abspielte, was wiederum starke schamanistische Züge trägt.

*****

Der Eismeerfischer erlebte seine erschütternde Schauung, die bis ins dritte Jahrtausend reichte, am 14. November 1907. Zu dieser Jahreszeit, kurz vor der Wintersonnenwende, herrscht nördlich des Polarkreises vierundzwanzig Stunden täglich Dunkelheit. Die Stimmung ist über Wochen und Monate hinweg so unwirklich wie auf einem anderen Planeten; die Abläufe des menschlichen Metabolismus verlangsamen sich, auch alles andere Leben scheint wie gelähmt zu sein. Gleichzeitig fördern aber gerade solch äußere Umstände die Fähigkeit von Sensitiven, in Trance zu fallen – und so geschah es an jenem 14. November auch Anton Johansson.

Wir müssen uns den damals 49jährigen unverheirateten Mann vorstellen, wie er einsam in seinem kleinen Holzhaus am Laxefjord saß. Er fand in dieser Nacht, die kein Ende nehmen wollte, keinen Schlaf; draußen, über der menschenleeren Landschaft, lastete absolute Stille; selbst der Wind war schon lange erstorben. Das einzige Geräusch, das sich vernehmen ließ, war das Knistern der Kohlen im Kanonenofen; ein wenig zusätzliche Wärme spendete die Petroleumlampe auf dem Tisch. Reglos kauerte der Eismeerfischer auf der Bank, starrte in die züngelnde Flamme, Stunde um Stunde nun schon. An ein Lagerfeuer der Samen, weit draußen in der Tundra, erinnerte sie ihn ...

Dann, ganz unvermittelt, widerfuhr ihm das, was später von anderen als „Christuserscheinung" bezeichnet wurde. Anton Johansson selbst hingegen schilderte das Phänomen so: Er habe eine strahlende, überirdische Gestalt erblickt und sei von ihr emporgetragen worden, so daß er den Planeten Erde wie aus gewaltiger Höhe zu überblicken vermochte. Von dieser entrückten Warte aus habe er – einsetzend mit dem Ersten Weltkrieg – das künftige Geschehen seines eigenen, des 20. Jahrhunderts, erschaut und dann noch eine große Zahl weiterer dramatischer Ereignisse gesehen, die bis ins dritte Jahrtausend reichen.

Mit dieser Großen Vision des Eismeerfischers werden wir uns später noch sehr ausführlich beschäftigen; an dieser Stelle muß zunächst die Frage gestellt werden, was sich in der Psyche Anton Johanssons abspielte, als er seine umfassende Präkognition erlebte.

Es sind die beiden einführenden Elemente seiner Schilderung, die den Schlüssel zum Verständnis beinhalten. Zum einen sprach Anton Johansson von einer „strahlenden, überirdischen Gestalt", die ihn während seiner Trance emporgetragen habe; zum anderen erwähnte er, er habe, während die Vision auf ihn einstürmte, eine Position hoch über dem Blauen Planeten eingenommen.

Das Frappierende an diesen Aussagen ist die Tatsache, daß sie sich mit einschlägigen Berichten anderer herausragender Propheten decken. Alois Irlmaier etwa hatte im Jahr 1928 in einer Bauernstube des österreichischen Salzkammergutes seine berühmte „Madonnenerscheinung" – in Wahrheit sein entscheidendes Initiationserlebnis, in dessen Verlauf eine hell strahlende Muttergottesfigur im Kreis von zwölf „Heiligen" aus einem Gemälde herauszutreten schien. Die dreizehn Gestalten tanzten auf seltsame Weise, ehe sie wieder zu unbeweglichen Figuren wurden. Und seit jener Stunde gab es dem bayerischen Hellseher immer wieder einen „Riß", wie er selbst es ausdrückte. Etwas Undefinierbares packte ihn; er fiel in eine Art Trance und „sah" im nächsten Moment einen Wirbel zukünftiger Ereignisse, die sich ebenfalls auf das dritte Jahrtausend bezogen.

Im Prinzip auf die gleiche Art erfolgte die endgültige Erweckung der mittelalterlichen Visionärin und Mystikerin Hildegard von Bingen. Sie beschrieb den entrückten Zustand, in dem ihr Drittes Auge sich öffnete, mit folgenden Worten: „Das Licht, das ich schaue, ist nicht an den Raum gebunden. Es ist viel lichter als eine Wolke, welche die Sonne in sich trägt. (...) Es wird mir als der Schatten des lebendigen Lichts bezeichnet. Und wie Sonne, Mond und Sterne im Wasser sich spiegeln, so leuchten mir Schriften, Reden, Kräfte und gewisse Werke des Menschen in ihm auf."

Auch verschiedene indianische Seher berichteten von solch überirdischen Lichterscheinungen, aus deren kaum erträglichem Leuchten ihnen präkognitive Kraft zuwuchs. Ähnliches gilt für die Propheten Henoch, Elija und Ezechiel der jüdischen Bibel, und nicht anders als die nordamerikanischen Schamanen sprachen sie außerdem davon, daß sie während ihrer großen Schauungen in „die Himmel entführt" oder „auf feurigen Wagen unendlich hoch über die Wolken getragen" wurden, bis – wie es bei Elija heißt – „das Meer einem Backtrog glich".

Exakt dasselbe sagte aber nun Anton Johansson; auch er sah sich mit jener „„magischen" Lichtgestalt konfrontiert und schien in extremer Höhe über dem Planeten Erde zu schweben, und von dieser entrückten, „andersweltlichen" Warte aus sah er sodann die wichtigsten Ereignisse der kommenden Jahrhunderte ähnlich wie in einem Zeitrafferfilm vor sich abrollen.

In der Psyche des Eismeerfischers spielte sich also etwas ab, was in der Prophezeiungsliteratur Europas und anderer Kontinente seit Jahrtausenden dokumentiert ist und dabei im Prinzip stets identische Muster zeigt. Auf die gleiche Weise wie die biblischen Propheten, die schamanische Techniken nach hebräisch-heidnischer Tradition nutzten, und nicht anders als die indianischen „Medizinmänner", deren Können ebenfalls auf diesen uralten Praktiken beruhte, erreichte Anton Johansson einen extrem sensibilisierten Bewußtseinszustand, der ihm seine umfassende Vision ermöglichte.

Im wahrsten Sinn des Wortes erschien ihm der „Große Geist", wie die Ureinwohner Amerikas dieses durchaus metaphysische Phänomen bezeichnen würden, hob ihn zu sich empor und öffnete ihm das Dritte Auge weit wie nie. Die Fähigkeit, sich der Kraft des „andersweltlichen" Lichtes hinzugeben und sich von ihr tragen zu lassen, hatte der Eismeerfischer durch seine bereits jahrzehntelange Erfahrung als Medium und seinen innigen Einklang mit der Natur erlangt. Zusätzlich hatte er aber ganz ohne Zweifel Hilfe von den Schamanen Nordeuropas bekommen: den weisen Männern oder Frauen der Lappen, welche das Leuchten tiefster Erkenntnis, das vom Antlitz des Göttlichen abstrahlt, schon seit Urzeiten kennen und ihrem Schützling den Pfad zur Fülle des Lichts gewiesen hatten.

Am 14. November 1907, in jener unwirklichen und totenstillen Polarnacht, erklomm Anton Johansson den Kulminationspunkt des steilen und beschwerlichen Weges, auf dem er nun schon so lange gewandert war. Er durchlitt seine Große Vision und wurde sich gleichzeitig der Aufgabe bewußt, die er gegenüber der Menschheit zu erfüllen hatte. Er, der einfache Kleinbauer und Fischer, sollte zur warnenden Stimme vor einem drohenden „Harmageddon" werden.

Wie wir nun anschließend sehen werden, kündigte sich das Verhängnis bereits vor Ausbruch des Ersten Weltkriegs, welcher die einleitende der drei entsetzlichen, von Anton Johansson vorhergesagten Menschheitskatastrophen darstellte, mit sehr deutlichen Menetekeln an – und auch diese Vorzeichen hatte der Eismeerfischer erschaut, ehe sie schreckliche Realität wurden.

DIE WARNUNG DES EISMEERFISCHERS VOR DEM UNTERGANG DER TITANIC UND ANDERE SPEKTAKULÄRE SCHAUUNGEN

Ehe wir uns Anton Johanssons Großer Vision zuwenden, sollen in diesem Kapitel einige spektakuläre Schauungen vorgestellt werden, die entweder schon vor dem 14. November 1907 erfolgten und sich später bewahrheiteten oder Ereignisse betrafen, die noch vor Ausbruch des Ersten Weltkrieges eintraten. Der Eismeerfischer wies sich aufgrund dieser Prophezeiungen, die unmittelbar nach der Jahrhundertwende erfolgten, als herausragender Präkognitiver aus.

Jede der nun folgenden Katastrophenwarnungen ist für die Zeit vor dem Eintreffen des jeweiligen Ereignisses einwandfrei bezeugt.

Der Vulkanausbruch von St. Pierre

Die Insel Martinique gehört zur Gruppe der Kleinen Antillen in der Karibik und wurde 1502 von Kolumbus entdeckt. Exakt vierhundert Jahre lang lebten ihre Bewohner – von Übergriffen zunächst der spanischen und später französischen Kolonialherren abgesehen – friedlich. Sie ernteten Bananen und Zuckerrohr und brannten Rum für den Export – doch dann passierte in den heißesten Tagen des Sommers 1902 urplötzlich die schreckliche Katastrophe.

Der Vulkan Mont Pelé, an dessen Fuß die Inselhauptstadt Saint-Pierre mit ihren damals rund dreitausend Einwohnern lag, brach unvermittelt aus und überschüttete die Ansiedlung samt ihrem Umland mit einem Hagel glühender Steine, den sogenannten Lapilli. Wenig später strömte eine Lavaflut aus dem Schlot des feuerspeienden Berges und begrub Saint-Pierre sowie große Teile der Insel unter sich. Da die Menschen kaum eine Möglichkeit zur Flucht von Martinique hatten, waren zuletzt etwa 40.000 Todesopfer zu beklagen. Selbst viele von denen, die sich mit kleinen Booten aufs Meer hinaus zu retten versucht hatte, starben, weil die Lapilli und dazu der hohe Seegang ihre Nußschalen sinken ließen. Die Haie vor den Küsten feierten wahre Freßorgien, und als die Nachricht von der Katastrophe in Europa anlangte, sorgte das Massensterben in der Karibik für einen ungläubigen Schock.

Einer freilich hatte bereits Wochen vorher vor dem Vulkanausbruch am anderen Ende der Welt gewarnt. Der Eismeerfischer Anton Johansson hatte das schreckliche Unglück in einer Wahrschau vorhergesehen und mit verschiedenen Leuten im kleinen Hafen am Laxefjord darüber gesprochen. Und später, als Zeitungen mit entsprechenden Berichten auch nach Finnmarken gelangten, erinnerten sich die Fischer und Bauern am Nordkap wieder an Johanssons Worte ...

Das Erdbeben von San Francisco

Auch diese Katastrophe erblickte der Eismeerfischer bereits einige Zeit zuvor. Unvermittelt fiel er im Jahr 1906 in Trance, nannte den Namen der kalifornischen Stadt und sprach davon,

Das Erdbeben von San Francisco 1906

daß die Erde sich öffnen würde, um Menschen und Gebäude zu verschlingen.

In der Tat kam es nur wenige Wochen später zu der verheerenden Erdbebenkatastrophe von San Francisco. Es hatte eine Intensität von 8,2 Punkten auf der Richterskala, forderte mehrere tausend Tote und Verletzte und richtete außerdem gewaltigen Sachschaden an. Entlang der Bruchzone, von der die seismischen Erschütterungen ausgegangen waren, kam es zu kilometerlangen Verwerfungen. In der Erde rissen Abgründe auf; ganze Straßenzüge und Baumreihen verschwanden in der Tiefe oder wurden zusammen mit Zäunen und Gebüschstreifen meterweit versetzt. Eine Woche danach, als San Francisco von einem Nachbeben heimgesucht wurde, kam es zu einer Reihe schwerer Erdrutsche, und wieder waren immense Zerstörungen und Menschenleben zu beklagen.

Der Erdbeben von Messina

Eine weitere Naturkatastrophe dieser Art ereignete sich 1908 in der Gegend der italienischen Provinzhauptstadt Messina auf Sizilien, und auch diesmal hatte Anton Johansson wenige Tage zuvor eine entsprechende Vision gehabt.

Als der von der Sonne ausgeglühte Boden der Insel zu schwanken begann, Klüfte aufbrachen und ganze Felslawinen von den Bergflanken herabstürzten, gerieten Hunderttausende in Panik. Verzweifelt versuchten sie zu fliehen, trotzdem wurden vor allem die Straßenschluchten Messinas und die zusammenkrachenden Gebäude der umliegenden Ortschaften für 84.000 Menschen zur tödlichen Falle. In der Provinzhauptstadt selbst zerstörte das verheerende Erdbeben zudem 91 Prozent aller Häuser. Es dauerte Monate, bis die letzten Leichen geborgen waren, und ebensolange kämpften die Ärzte gegen die Seuchen, die noch zahlreiche weitere Opfer forderten.

Die Erdbebenkatastrophe in Messina 1908

Der Balkankrieg von 1912 bis 1913

Diese militärische Auseinandersetzung, die Anton Johansson bereits in seiner Großen Vision angekündigt hatte, hielt Europa von Oktober 1912 bis August 1913 in Atem. Serbien, Montenegro, Bulgarien und Griechenland hatten sich verbündet, um den türkischen Einfluß auf dem Balkan zurückzudrängen. Im Mai 1913 waren die schlecht ausgerüsteten moslemischen Armeen geschlagen, doch nun begannen die christlichen Sieger, jetzt teils im Bündnis mit den Osmanen, um die Beute zu kämpfen, was zu noch schrecklicherem Blutvergießen als in der ersten Phase des Krieges führte. Als es schließlich zum Friedensschluß von Bukarest kam, war Bulgarien völlig zerschlagen, die Türkei hatte ihre Grenzen wieder nach Westen vorgeschoben, und der neue islamische Staat Albanien entstand.

Der Eismeerfischer hatte in Briefen an verschiedene beteiligte Regierungen vor der Sinnlosigkeit der militärischen Auseinandersetzung gewarnt, doch niemand hatte ihm Gehör geschenkt.

Der Untergang der Titanic

Anfang April 1912 schreckte Anton Johansson aus einem beklemmenden Traum auf. Er hatte ein außergewöhnlich großes Passagierschiff erblickt, das in den eisigen Fluten des Nordatlantik havariert war. Tausende von Menschen befanden sich in Lebensgefahr, schreiend drängten sie zu den Rettungsbooten. Dann hob sich das Heck des Dampfers steil nach oben, und das gewaltige Schiff, das den Namen Titanic trug, trat seine letzte Reise auf den Meeresgrund an ...

Mitte April erreichte die Nachricht vom Untergang der Titanic Lebesby und wenig später den Laxefjord, und einmal mehr bestätigte sich damit eine Schauung des Eismeerfischers.

Der Luxusliner, der als unsinkbar galt und das größte jemals

Der Untergang der Titanic am 15. April 1912.
Anhand von Augenzeugenberichten hatte der berühmte deutsche Marinemaler Stöwer den Untergang des legendären Schiffes gemalt.

gebaute Passagierschiff war, hatte am 10. April 1912 seine Jungfernfahrt von Southampton nach New York angetreten. In der Nacht vom 14. auf den 15. April – die Titanic befand sich mittlerweile südlich der Großen Neufundlandbank im Nordatlantik – kollidierte das mehrere hundert Meter lange Schiff mit einem Eisberg, so daß sein Rumpf aufgerissen wurde. Obwohl die Titanic über eine ganze Reihe von Sicherheitsschotts verfügte, die das Schiff angeblich selbst nach einer extremen Havarie noch schwimmfähig erhalten sollten, konnte die Mannschaft den Wassereinbruch nicht mehr stoppen. Nach wenigen Stunden begann der Luxusliner zu sinken – und nun wirkte sich ein weiteres Versagen der Konstrukteure verheerend aus.

Das Schiff, auf dessen drei Passagierdecks mehrere tausend Menschen gereist waren, verfügte lediglich über sechzehn Rettungs- und vier Faltboote. Nur etwa die Hälfte der Menschen an Bord fand darin Platz und vermochte sich im Verlauf der entsetzlichen Nacht in Sicherheit zu bringen; mehrere in der Nähe befindliche Dampfer nahmen die Schiffbrüchigen auf. Diejenigen, die zurückblieben, wurden gegen 2.20 Uhr von der sinkenden Titanic in die Tiefe gerissen; später gab die Reederei die Zahl der Opfer mit 1513 an.

*****

Der Untergang des Luxusliners stellt bis heute die schlimmste Schiffskatastrophe der Menschheitsgeschichte in Friedenszeiten dar. Gleichzeitig wurde die Titanic aber auch zum Symbol für jenen fatalen menschlichen Größenwahn, der sich einbildet, über die Natur triumphieren zu können. Ein einziger und noch nicht einmal sehr großer Eisberg genügte, um solche Vermessenheit in die Schranken zu weisen – und ganz in diesem Sinn äußerte sich auch Anton Johansson, als seine Schauung sich bestätigte.

Auch er war der Meinung, daß weder die Natur noch das Göttliche – die in letzter Konsequenz ohnehin eins sind – ungestraft herausgefordert werden dürften. Dies aber ist letztlich auch die Essenz seiner Großen Vision, die nun im folgenden Kapitel vorgestellt werden soll.

DIE GROSSE VISION
DES EISMEERFISCHERS
ANTON JOHANSSON

„Merkwürdige Gesichte! Die Zukunft der Völker, gesehen vom Eismeerfischer Anton Johansson aus Lebesby.
Aufgezeichnet zur Erweckung und Errettung der
Menschheit." So lautet der Titel des Buches, das der
schwedische Ingenieur Gustafsson 1919 in Stockholm
veröffentlichte. Es erlebte mehrere Auflagen in Skandinavien und erschien 1953 auch in deutscher Überset-
zung. Derzeit ist das Werk sowohl hierzulande als auch
in Schweden vergriffen; der Stockholmer Sverigefondens
Förlag, der die verschiedenen Ausgaben bis 1953 publi-
zierte, existiert nach den Recherchen des Autors nicht
mehr.

Die vorliegende Zusammenstellung der Prophezeiungen des Eismeerfischers erfolgte auf der Basis der
deutschsprachigen Buchausgabe von 1953 sowie verschie-
dener Sammelwerke (Backmund, Bekh und Schaller;
Näheres siehe Literaturverzeichnis), in denen die Visionen während der vergangenen Jahrzehnte mehr oder weniger vollständig präsentiert wurden. Da die verschiedenen deutschen Übersetzungen sich sprachlich unter-
scheiden, wurde vom Autor eine neue, der modernden
Diktion angepaßte Version erarbeitet, die sich selbstver-

ständlich streng an die inhaltlichen Aussagen des zugrundeliegenden Originals hält. Durch die Methode, alle verfügbaren Quellen heranzuziehen, ergab sich ferner die Möglichkeit, den Kanon der Weissagungen Anton Johanssons gegenüber diversen und teilweise verkürzten deutschen Varianten in Anthologien wieder zu komplettieren.

Da Gustafsson den Eismeerfischer in seinem Werk selten zitierte und statt dessen die Schauungen Johanssons mit seinen eigenen Worten wiedergab, mußte diese Technik auch in der hier angebotenen Fassung der Prophezeiungen beibehalten werden. Die eigentliche Große Vision wurde dabei konsequent aus dem Kontext von Gustafssons Buch herausgelöst; Kommentare und vor allem Interpretationen des Herausgebers wurden in keinem Fall berücksichtigt. Denn diese Textpassagen, die vor allem in der deutschsprachigen Buchausgabe von 1953 enthalten sind, gefallen sich über weite Strecken darin, sektiererisches religiöses Gedankengut oder eine suspekte Weltanschauung zu verbreiten, wobei Gustafsson selbst vor judenhasserischen Tiraden nicht zurückschreckte.

Im Sinne des Eismeerfischers, der bereits im Januar 1929 verstarb, war das gewiß nicht. Wie alle großen Propheten wollte Anton Johansson vor Fehlentwicklungen warnen und wäre deshalb nie nationalistische oder rassistische Irrwege gegangen. Vielmehr schilderte er die Geschehnisse vom Ersten Weltkrieg bis weit in das dritte Jahrtausend hinein von einer objektiven Warte aus: ausgesprochen sachlich und oft mit beinahe nüchternen Worten.

Wie in der Einleitung zu diesem Buch bereits ausgeführt, haben die Schauungen schwerpunktmäßig mit jenem geographischen Raum zu tun, der heute Kerngebiet der NATO ist, also dem hochindustrialisierten Teil

Europas und den USA. Aus verständlichen Gründen blieben dem Eismeerfischer in erster Linie diese Teile seiner Großen Vision vom 14. November 1907 im Gedächtnis haften. Geschehnisse in anderen Erdteilen, die er nach eigenen Angaben damals ebenfalls erblickte, verschwanden hingegen sehr schnell wieder aus seiner Erinnerung, so daß sie auch nicht aufgezeichnet werden konnten. Was jedoch schriftlich festgehalten wurde, reicht aus, um Anton Johansson als einen herausragenden Propheten der Neuzeit zu qualifizieren.

Zahlreiche Aussagen des Eismeerfischers, die 1907 gemacht wurden, sich auf das 20. Jahrhundert bezogen und mittlerweile eingetroffen sind, beweisen seine außergewöhnliche hellseherische Kraft. Sie werden im ersten Teil des nun folgenden Kanons aufgeführt; wo nötig, sind kurze Erklärungen des Autors in Klammern beigefügt. Im zweiten Teil folgen, hier vollständig mit Erläuterungsversuchen versehen, Johanssons Weissagungen für das 21. Jahrhundert, die sich am „Eckpfeiler" eines Dritten Weltkrieges und der damit verbundenen Kataklysmen festmachen lassen.

Die Prophezeiungen des Eismeerfischers für das 20. Jahrhundert

Anfang Juli oder im August 1914 bricht ein weltweiter Krieg aus.

***

Die russischen Armeen fallen nach Ostpreußen ein und richten schwere Verheerungen an.

***

Während des Ersten Weltkrieges kämpfen englische Soldaten in Irland.

(1916 wurde der Osteraufstand von Dublin durch britische Truppen blutig niedergeschlagen.)

***

Zur Zeit, da in Europa die Materialschlachten toben, wird auch Jerusalem militärisch erobert.

(Jerusalem wurde 1917 von den Briten besetzt; ab 1922 war die Stadt Sitz der britischen Mandatsregierung für Palästina.)

***

In Rußland kommt es 1917 zu einer großen Revolution. Das Zarenhaus wird gestürzt. Finnland gewinnt im selben Jahr seine Unabhängigkeit.

(Die Aussagen über die russische Oktoberrevolution sind eindeutig. Was Finnland angeht, so hatte es von 1809 bis 1917 zum Zarenreich gehört; am 6. Dezember 1917 erhielt das Land dank der Revolution seine Eigenständigkeit zurück.)

***

Auf dem Höhepunkt des Weltkrieges greifen die Vereinigten Staaten von Amerika ein.

***

Im Jahr 1918 erfolgt der Friedensschluß.

***

1918 erhebt sich das Volk gegen die Herrscherhäuser in Österreich und Deutschland und stürzt sie.

***

In der Zeit nach dem Ersten Weltkrieg sind in den USA schwere Rassenunruhen und andere Konflikte zu beklagen.

(Hier sprach Johansson offenbar die 20er Jahre an. Zu jener Zeit machte sich in den USA ein schrankenloser Wirtschaftsliberalismus – wie auch gegenwärtig wieder – breit. Folgen dieses hemmungslosen Kapitalismus waren schlimme soziale Zusammenbrüche, wie etwa der Landwirtschaft in Oklahoma, eine daraus resultierende innenpolitische Radikalisierung und – seitens der Wohlhabenden – die Unterdrückung der Unterprivilegierten, vor allem der Schwarzen.)

***

Während der dreißiger Jahre leidet Spanien furchtbar unter einem Bürgerkrieg.

***

1939 eröffnet Deutschland einen Korridor durch Westpreußen. Dies löst den Zweiten Weltkrieg aus.

(Unmittelbar vor Ausbruch des Krieges marschierte die deutsche Wehrmacht ins Memelgebiet ein. Hitler verlangte von Polen den Anschluß Danzigs an das Reich und die Öffnung eines Korridors, der die Stadt mit dem weiter westlich liegenden deutschen Territorium verbinden sollte. Daraufhin führte die polnische Armee eine Teilmobilmachung durch, die dem Naziregime einen der Anlässe zur Kriegserklärung gegen Polen gab.)

***

Norwegen wird 1940 von deutschen Truppen besetzt, die dadurch England in Schach halten wollen.

***

Rußland wird zu einem großen Teil von den deutschen Armeen erobert.

***

Während des Zweiten Weltkrieges macht sich Kroatien fürchterlicher Greueltaten schuldig. Besonders Serben und Rumänen leiden unmenschlich.

(In Kroatien hatte sich zur fraglichen Zeit das katholische klerikal-faschistische Ustascharegime etabliert, das von 1941 bis 1943 mit Billigung Hitlers und des Papstes eine Ausrottungspolitik gegenüber zumeist serbischen Orthodoxen, Juden und vor allem rumänischen Zigeunern betrieb. In den Konzentrationslagern der Ustascha fanden etwa 800.000 Menschen den Tod. – Siehe dazu auch den Band „Malachias" dieser Buchreihe und die darin enthaltenen Ausführungen über den Papst Pius XII.)

***

Am Ende des Krieges wird Deutschland gekreuzigt werden.

(Diese Metapher Johanssons ist besonders frappierend. Denn nach dem Waffenstillstand 1945 wurde Deutschland in vier Besatzungszonen aufgeteilt, deren Demarkationslinien in der Tat wie ein Kreuz über dem Land lagen.)

***

Nach dem Zweiten Weltkrieg wird Deutschland jahrzehntelang in zwei Teile zersplittert sein.

***

Großbritannien und Holland kämpfen in Asien und verlieren ihre indischen Kolonien.

(1947, nachdem Gandhi zum gewaltlosen Widerstand aufgerufen hatte, erhielt Indien – nach schweren militärischen Übergriffen der Europäer – seine Unabhängigkeit.)

***

Im Jahr 1948 kehrt das jüdische Volk nach Jerusalem heim.

(In jenem Jahr erfolgte die Gründung des Staates Israel.)

***

Ab 1953 herrscht der Kommunismus in vielen Ländern der Erde.

(Der Warschauer Pakt wurde zwar erst 1955 geschlossen, doch das entsprechende Staatenbündnis existierte bereits zu der von Johansson angegebenen Zeit. Zudem hatten sich kommunistische Regime in vielen Staaten der dritten Welt etabliert.)

***

Es kommt zu schweren Grubenunglücken und Überschwemmungen in Deutschland.

(Man assoziiert sofort das Bergwerksunglück von Lengede und die Hamburger Hochwasserkatastrophe, welche die junge Bundesrepublik in Atem hielten.)

***

In Skandinavien werden sozialistische Regierungen an die Macht gelangen.

(Vor allem Schweden spielte bei der Durchsetzung der Sozialdemokratie in Europa eine Vorreiterrolle.)

***

Rußland täuscht die Welt, indem es in der zweiten Hälfte des Jahrhunderts für den Frieden spricht, aber selbst mit allen Kräften aufrüstet.

***

Eine irische Organisation hält in der zweiten Hälfte des Jahrhunderts England durch blutige Anschläge in Atem.

(Diese Aussage bezieht sich eindeutig auf die katholische IRA und ihre Attentate bis zur unmittelbaren Gegenwart.)

***

In Spanien kämpft das Volk der Basken für seine Unabhängigkeit.

***

Jugoslawien und Italien leiden schwer unter großen Erdbebenkatastrophen.

(Gemeint sind offenbar die Erdbeben von Skopje im Jahr 1963 und in den italienischen Provinzen Umbrien und Marken 1997.)

***

Nach dem ersten Krieg auf dem Balkan in den Jahren 1912 und 1913 kommt es dort kurz vor dem Ende des Jahrhunderts noch einmal zu schrecklichen Greueltaten.

(Ein sehr deutlicher Hinweis auf den Bosnienkrieg und die fatale Entwicklung im Kosovo.)

Das Erdbeben in Umbrien am 26. September 1997. Ein Mann vor seinem völlig zerstörten Haus.

***

Ehe das Jahrhundert endet, treten in Europa und den Vereinigten Staaten bei Mensch und Tier bisher nie gekannte Krankheiten auf.

(Ohne Zweifel sind damit AIDS und die Rinderpest gemeint.)

Die Prophezeiungen des Eismeerfischers für das neue Jahrtausend

Zwischen Frankreich und Spanien bricht vor dem Dritten Weltkrieg ein bewaffneter Konflikt aus.

(Dies klingt derzeit sehr unwahrscheinlich, doch auch in Jugoslawien hielt man den Frieden noch vor wenigen Jahren für absolut sicher.)

***

Es kommt zu Bürgerkriegen in Schweden, Frankreich und Rußland.

(Eine solche Entwicklung zeichnet sich zur Jahrtausendwende tatsächlich schon ab: Schweden leidet unter einer ausgesprochen gefährlichen Bandenkriminalität, gegen die der Staat zunehmend machtlos ist. In Frankreich gibt es schwere Differenzen zwischen der eingesessenen Bevölkerung und zugewanderten Moslems. Durch den Zerfall der UdSSR in Dutzende rivalisierender Länder ist ein außerordentlich gefährliches Konfliktpotential entstanden.)

***

Auch in Wales sind bürgerkriegsähnliche Unruhen zu beklagen.

(Cymru im Westen Britanniens befindet sich nach dem Referendum von 1997, ebenso wie Schottland, auf dem Weg zu einer keltisch definierten Autonomie. Im Südosten des Landes, wo der englische Bevölkerungsanteil sehr hoch ist, könnte es daher zu Spannungen kommen.)

***

Rußland wird einen Teil seines Territoriums an China verlieren.

(Beide Staaten kämpften 1947 bereits um die Innere Mongolei; der Konflikt könnte nun, da die ehemalige UdSSR nicht mehr kommunistisch ist, um so schärfer ausbrechen.)

***

China führt auch gegen Indien Krieg und wird zuletzt weite Landstriche des Subkontinents kontrollieren. Vor allem die Region um Delhi leidet furchtbar; etwa 25 Millionen Menschen werden dort durch biologische Waffen getötet werden. Der Bakterienkrieg löst außerdem entsetzliche, bislang nicht bekannte Seuchen anderswo aus.

(Hier drängt sich unwillkürlich der Gedanke auf, daß

Indien und Pakistan, welche die Welt erst kürzlich durch Atombombenversuche schockierten, sich gegenseitig destabilisieren könnten, was für China möglicherweise die entscheidende Herausforderung zur Aggression wäre.)

***

Rußland unternimmt einen Angriff auf Skandinavien. Er erfolgt von Archangelsk aus über das Nordkap.

(Damit wäre der Zeitpunkt erreicht, an dem man vom Dritten Weltkrieg sprechen müßte, denn die bislang noch auf Asien beschränkten Kampfhandlungen würden sich nun auch auf Europa ausweiten, und damit wäre die NATO herausgefordert.)

***

Einige Monate vor dem russischen Überfall auf Skandinavien verwüstet ein entsetzlicher Orkan große Teile Nordeuropas. Der Angriff selbst erfolgt im Sommer; zu einer Jahreszeit, da in den Gebirgen Norwegens noch kein Schnee gefallen ist. In Schweden ist in diesem Jahr eine sozialistische Regierung an der Macht.

(Zwar gibt Anton Johansson keine Jahreszahl für den faktischen Ausbruch des Dritten Weltkrieges an, ansonsten sind seine Aussagen aber sehr präzise und – was den Zeitpunkt für den Angriff angeht – auch nachvollziehbar, denn nur während der Sommermonate wäre ein militärischer Vorstoß von Archangelsk aus über das Nordkap möglich.)

***

Dänemark bleibt von der Aggression gegen Skandinavien verschont.

(Möglicherweise deshalb, weil dieses kleine Land in einem globalen Krieg strategisch zu unbedeutend ist.)

***

Persien und die Türkei werden von den Russen erobert; es geht bei diesem Krieg vor allem um die Ölvorkommen im Mittleren Osten.

(Es wäre logisch, wenn Rußland und weitere Länder der ehemaligen UdSSR sich aus militärischen Gründen die dortigen Erdölressourcen zu sichern versuchten.)

***

Russische Armeen stoßen auf den Balkan vor, und die Länder dort werden verheerend geschlagen.

(Dieser Schritt erfolgt vielleicht, weil die Europäische Gemeinschaft es auch zu Beginn des dritten Jahrtausends nicht schaffte, auf dem Balkan für Frieden zu sorgen.)

***

Auch in Italien bricht nun ein Krieg aus. Gleichzeitig kommt es dort zu schweren Naturkatastrophen, so daß Abermillionen Menschen obdachlos werden.

(In der Tat könnte ein Konflikt auf dem Balkan blitzschnell auf die italienische Halbinsel überschwappen, und die Kriegshandlungen könnten noch schlimmere Erdbeben als 1997 auslösen.)

***

*Ein Angriff aus Osten, wobei die Armeen zunächst Un-
garn, Österreich, Norditalien und die Schweiz überren-
nen, richtet sich „mit der Gewalt einer Sturmflut" gegen
Frankreich. Ein weiterer militärischer Vorstoß der Östlichen zielt auf Spanien.*

(Geschähe dies tatsächlich, so ginge die Absicht der Aggressoren, die ja auch über Skandinavien vordringen
würden, eindeutig dahin, mit einem Zangenangriff ganz
Europa in ihre Gewalt zu bekommen.)

***

*Frankreich wird „von innen und außen" erobert. Die
Massenvernichtungswaffen, die in den Bunkern des Landes gelagert sind, fallen in die Hände der Aggressoren, die
in Frankreich für einige Zeit eine Militärregierung instal-
lieren.*

(Die wörtliche Formulierung Johanssons, wonach die
Eroberung „von innen und außen" erfolge, könnte darauf hindeuten, daß an der Aggression aus Osten starke
islamische Verbände beteiligt sind, die Unterstützung
durch Moslems in Frankreich bekommen.)

***

*Von französischem Boden aus führen die Eroberer Krieg
gegen England, Spanien und Skandinavien.*

(Zu diesem Zweck könnten die in Frankreich eroberten
Raketen der NATO eingesetzt werden.)

***

Unter dem Druck der Angreifer aus Osten attackiert Frankreich den europäischen Norden. Schweden und Norwegen werden überrannt. Französische Truppen erobern Göteborg. Die genannten skandinavischen Länder werden gezwungen, große Territorien im Norden an Rußland abzutreten.

(Damit so etwas möglich wäre, müßte in Frankreich ein totaler politischer Umschwung erfolgt sein. Aber vielleicht meint der Eismeerfischer genau das, wenn er vom „Druck der Angreifer" spricht.)

***

Ein militärischer Überfall auf Finnland führt zur Auflösung dieses Staates.

(Rußland verleibt sich Finnland, das es 1917 verlor, erneut ein.)

***

Zur selben Zeit erfolgt von Osten her ein Angriff auf Deutschland. In einem Bürgerkrieg kämpfen Deutsche gegen Deutsche.

(Schon kurz nach der deutschen Wiedervereinigung machte die anfängliche Euphorie vor allem im Osten einer immer stärkeren Enttäuschung Platz. Statt „blühender Landschaften" entstanden in den neuen Bundesländern neokapitalistische „Wüsten". Wenn diese Entwicklung sich fortsetzt, könnte es in der Tat zu einer inneren Loslösung der Ostdeutschen von der Bundesrepublik kommen, womit dann auch der von Johansson beschriebene Gewaltausbruch möglich wäre.)

***

Ähnlich wie Polen und andere ehemals kommunistische Länder Osteuropas kann aber auch Deutschland sich wieder von der Herrschaft der Aggressoren befreien.

(Das bedeutet, daß Deutschland zunächst einmal völlig in die Gewalt der Angreifer gerät; später kommt es wohl zu einem zentraleuropäischen Befreiungskampf.)

***

In Großbritannien bricht eine Revolution aus, die sehr blutig verläuft und bedeutend mehr Opfer fordert als der etwa zur gleichen Zeit in Deutschland stattfindende Bürgerkrieg.

(Bereits Ende des 20. Jahrhunderts sorgte die Regierung Thatcher für eine soziale Zersplitterung des Landes; es wurde eine sogenannte Zweidrittelgesellschaft etabliert. Besonders der Norden Englands mit seinen nicht länger benötigten Industrien verarmte, und die daraus resultierenden und bis heute anhaltenden Spannungen könnten zum Aufstand der Benachteiligten gegen die Privilegierten führen.)

***

Der Volksaufstand, der auf der britischen Insel begann, weitet sich schnell nach Irland aus.

(Angesichts der gegenwärtigen Situation müßte damit

vor allem Nordirland gemeint sein. Unter Umständen könnte das gesamte irische Volk aber auch gegen seine ideologischen religiösen Führer und deren Organisationen auf die Barrikaden gehen, die Gräben zwischen der Republik Eire und Nordirland aufrissen.)

***

Auch im Süden von Wales, wo es bereits vor dem Dritten Weltkrieg zu Unruhen kam, herrscht jetzt Bürgerkrieg, der zahlreiche Tote kostet.

(Wie bereits weiter oben erwähnt, prallen im Südosten von Cymru walisische und englische Interessen aufeinander.)

***

Jenseits des Atlantiks kommt es zwischen den USA und Kanada zu einem militärischen Konflikt. Auslöser ist ein russischer Angriff auf Alaska und Kanada über die Beringstraße. Dadurch werden die Vereinigten Staaten daran gehindert, auf dem europäischen Kriegsschauplatz einzugreifen.

(Das denkbar Schlimmste passiert. Die Supermacht USA und Rußland, das nach wie vor über die Massenvernichtungswaffen der ehemaligen UdSSR verfügt, prallen direkt zusammen.)

***

Neue Waffen, wie kein Mensch sie je gesehen hat, richten in den USA fürchterliche Verheerungen an.

(Vermutlich werden auf dem nordamerikanischen Sub-
kontinent atomare, biologische und chemische Waffen
eingesetzt.)

**

*Zudem kommt es dort zu entsetzlichen Orkanen und
Brandkatastrophen. Die größten Städte des Landes gehen
unter.*

(Nuklearexplosionen wären imstande, die Natur dermaßen in Mitleidenschaft zu ziehen, daß sie sich nun
ihrerseits gegen den menschlichen Wahnsinn aufbäumt.
Die großen amerikanischen Städte müßten nicht unbedingt alle durch Atomexplosionen untergehen. San
Francisco und Los Angeles, die ohnehin in stark erdbe-
bengefährdeten Gebieten liegen, könnten allerdings
auch Gefahr laufen, in einem seismischen Inferno vernichtet zu werden.)

**

*Einer dieser um den halben Globus rasenden Orkane tobt
zweimal - zuerst in nördlicher, dann in nordöstlicher
Richtung - über die USA und erreicht anschließend Europa. Im Mittelmeerraum richtet er immense Verwüstungen
an, ehe er sich in den Weiten Osteuropas verliert.*

(Als Ergebnis der globalen Umweltzerstörung sind
schon jetzt immer verheerendere Orkane zu beobach-
ten. Wenn durch Atomexplosionen verursachte atmos-
phärische Turbulenzen hinzukämen, wäre die von Johansson geschilderte Naturkatastrophe, die den halben
Erdball in Mitleidenschaft zieht, denkbar.)

**

Danach wüten die Menschenmassen der Vereinigten Staaten in zwei Bürgerkriegen gegeneinander.

(Wie es aussieht, mündet der Dritte Weltkrieg in eine allgemeine Anarchie ein. Wenn einem ersten Bürgerkrieg in den USA noch ein zweiter folgt, dauert dieser Zustand womöglich jahrelang an.)

***

Die USA zerfallen in vier oder fünf einander feindlich gesonnene Territorien.

(Nach Beendigung der Bürgerkriege existieren die Vereinigten Staaten von Amerika nicht mehr. Die Menschen, die auf dem Gebiet der ehemaligen USA mehrere kleinere Staaten gegründet haben, hassen einander. Im heutigen „Bible Belt" wäre eine Diktatur religiöser Fanatiker denkbar, die Südstaaten haben sich womöglich abermals sezessioniert; vielleicht auch haben Schwarze und Menschen lateinamerikanischer Abkunft sich ebenfalls abgegrenzt. Überlebende indianische Völker schließlich haben unter Umständen ihre frühere nomadische Existenz wiederaufgenommen. Letzteres stünde im Einklang mit indianischen Prophezeiungen, in denen die Rede von einer Rückkehr zur früheren Lebensweise nach einer schrecklichen Katastrophe ist.)

***

Während des Dritten Weltkrieges und auch später noch leiden Abermillionen Menschen unter bis dahin völlig unbekannten Krankheiten. Die Seuchen rufen unter anderem schreckliche Atemnot, Erblindung, Geisteskrankheiten und einen langsamen Zerfall des Körpers hervor.

80

(Sehr deutlich beschreibt der Eismeerfischer hier die furchtbaren Auswirkungen chemischer und biologischer Waffen auf Menschen, die nicht sofort getötet werden.)

***

Jeder vierte Mensch auf dem Planeten hat nach dem Dritten Weltkrieg sein Leben verloren.

(Andere Hellseher, deren Visionen von einer derartigen Globalkatastrophe sich auf Europa oder auch „nur" einzelne Länder des Kontinents beschränkten, sprachen davon, daß jeder Dritte sterben werde. Da Johansson die Katastrophe über einen sehr großen geographischen Raum hinweg erblickt, liegt seine Angabe niedriger; er berücksichtigt offenbar auch solche Regionen, die nicht unmittelbar betroffen sind.)

EIN SZENARIO DER APOKALYPSE: DIE KOMBINIERTEN PROPHEZEIUNGEN VON MÖNCH UND FISCHER

Der Mensch eignet sich „göttliche Kraft" an und macht sie sich für seine Zwecke dienstbar. Daraufhin wird „Gott sein Antlitz abwenden". Es findet ein „Ringen und Wogen statt", das alle Völker der Erde in eine entsetzliche Katastrophe stürzt.

Mit diesen Metaphern spricht der Mönch von Wismar die tiefste Ursache für den von ihm und dem Eismeerfischer Anton Johansson vorhergesagten Dritten Weltkrieg im neuen Jahrtausend an. Auslöser für „Harmageddon" ist die Vermessenheit, mit welcher die Menschheit, beziehungsweise die Mächtigen in Politik und Wirtschaft sich zu absoluten Herren über den Planeten aufzuwerfen versuchen. Sie nehmen dabei weder Rücksicht auf die Natur noch auf die für den Bestand jeglicher Zivilisation unabdingbaren Gesetze der Humanität – und genau das führt letztlich den totalen Zusammenbruch der Welt, so wie wir sie heute (noch) kennen, herbei.

In der Kombination der Visionen von Mönch und Fischer kann die große Linie dieser verheerenden Fehlentwicklung noch deutlicher als bei der getrennten Analyse der jeweiligen Weissagungen herausgearbeitet werden. Wo Anton Johansson eher sachlich „berichtet", verwendet der Kleriker um der spirituellen Substanz seiner Aussagen willen teils auch Bilder mit beinahe poetischer Ausdruckskraft und vertieft damit so manche Schauung des Eismeerfischers; beides zusammen wirkt sowohl auf der informativen als auch der intuitiven Ebene, so daß quasi eine ganzheitliche Erkenntnis möglich wird. Auf dieser Basis soll nun abschließend versucht werden, die für das kommende Millennium prophezeite „Apokalypse" aus der Perspektive beider Zukunftsseher gleichermaßen zu schildern.

*****

Bereits heute wird zunehmend klarer, daß die Industrienationen die Kräfte, die sie entfesselten, nicht mehr beherrschen können; daß sie sozusagen zu gefährlichen „Zauberlehrlingen" geworden sind. Dies gilt für die Zerstörung der Umwelt ebenso wie für das westliche Wirtschaftssystem, das sich mehr und mehr verselbständigt, für seine weitere Existenz immer stärkeres Wachstum benötigt und damit immer noch schlimmere Schäden in der Natur anrichtet. Beschädigt wird durch eine aggressiv vorangetriebene „Globalisierung" aber auch die natürlich gewachsene Identität der Völker dieses Planeten; ganz besonders in der dritten Welt, die zu einem hilflosen Opfer dieser Entwicklung geworden ist.

Durch die Schuld der Industrienationen und ihrer oberflächlichen Unersättlichkeit ist die Menschheit schon jetzt in eine arme und eine reiche Hälfte gespalten: die Östlichen und die Westlichen, wie der Mönch von Wismar es ausdrückt. Da nach dem Zusammenbruch der UdSSR in den USA und Europa zudem eine fatale Renaissance des hemmungslosen Kapitalismus erfolgte, der sich vermutlich nun immer ungenierter betätigen wird, zeichnet sich eine Linie ab, die haargenau zu der Katastrophe führen muß, wie die beiden Propheten sie beschreiben.

Nachdem es in einer Reihe von westlichen Ländern zu sozialen Unruhen und bürgerkriegsähnlichen Zuständen gekommen ist, weil durch neokapitalistische Profitgier – bis herab zur mittelständischen Ebene – der gesellschaftliche Konsens zerstört wurde, versucht China, das sich neben den USA als einzige intakte Großmacht der Erde erhalten hat, machtpolitisch mit den Vereinigten Staaten gleichzuziehen. Dazu sind Territorialgewinne nötig: Die Armeen des Milliardenvolkes, bei deren Kerntruppen es sich möglicherweise um geklonte „Rambos" handelt, fallen über Indien her und legen sich gleichzeitig mit Rußland, beziehungsweise den GUS-Staaten, an.

Diese Länder, die sich selbst in einem desolaten Zustand befinden, können China keinen ausreichenden Widerstand entgegensetzen, greifen aber jetzt in ihrer eigenen Bedrängnis die ihrerseits von inneren Turbulenzen geschüttelten NATO-Staaten Europas an. Dies geschieht nach einer Naturkatastrophe, durch die vor allem Skandinavien ohnehin schon schwer angeschlagen ist, so daß es sich als erstes Kriegsziel auf europäischem Boden anbietet. Weitere Regionen, wie Persien und der Balkan, werden zwangsläufig ins Chaos gerissen, und was sich in dieser frühen Phase des Dritten Weltkrieges abspielt, beschreibt der Mönch von Wismar in einem eindringlichen Bild von fast biblischer Ausdruckskraft so: „Feurige Drachen werden durch die Lüfte fliegen und Feuer und Schwefel speien und Städte und Dörfer vernichten." Und dann fährt er fort: „Dein Brot wird gezeichnet und zugeteilt."

Dieser letzte Satz bedeutet nichts anderes, als daß in den europäischen Industriestaaten, wo vorerst noch keine Luftangriffe erfolgen und Raketen mit ABC-Sprengköpfen einschlagen, die Nahrungsmittelversorgung, die schon lange auf tönernen Füßen stand, zusammenbricht. Dies passiert vermutlich deswegen, weil bereits während der letzten Jahrzehnte des 20. Jahrhunderts eine Politik betrieben wurde, welche die Leistungsfähigkeit der Landwirtschaft zerstörte; Bauern konnten häufig nur dann überleben, wenn sie ihre Felder nicht mehr bewirtschafteten und ihre Tiere abschlachten ließen. Da man in Europa zudem dem Beispiel der USA folgte und ab dem Ende des Jahrtausends die Agrarindustrie handstreichartig und oft ohne Wissen der Bevölkerung auf den Anbau genmanipulierter

Pflanzen umstellte, könnte die vergewaltigte Natur sich im neuen Millennium mit Mutationen rächen: mit Getreide, das für den Verzehr nicht mehr geeignet ist – außerdem wäre es möglich, daß etwas Ähnliches im Bereich der Tierzucht geschieht, wo die Gentechniker sich ebenfalls zu vermeintlichen „Herren des Lebens" aufspielten, ohne die Folgen zu bedenken.

Jetzt, nach Ausbruch des Dritten Weltkrieges, bezahlen Abermillionen Hungernde für diese von gewissenlosen „Forschern" und Politikern verursachte Fehlentwicklung, und wahrscheinlich löst genau das die Revolutionen und Bürgerkriege aus, die nun – zusätzlich zu den militärischen Kampfhandlungen anderswo – in Deutschland, Frankreich, England und Italien für Blutvergießen sorgen.

Am schlimmsten trifft es Italien, wo es jetzt neben den erwähnten Heimsuchungen auch noch zu einer verheerenden Naturkatastrophe kommt. Millionen Menschen werden (durch schreckliche Erdbeben, wie schon im späten 20. Jahrhundert?) obdachlos, und das ist wohl der letzte Auslöser für ein Losbrechen der Volkswut gegen die Staatsführung und vor allem den Vatikan. Der letzte Papst wird zusammen mit vielen anderen Angehörigen der römischen Kurie gelyncht, wie Nostradamus, Alois Irlmaier und der Mühlhiasl vorhersagten. Womöglich geschieht es deswegen, weil man dem „Stellvertreter Gottes" und seiner Kirche ein skrupelloses Paktieren mit den politischen Drahtziehern um des eigenen Machterhaltes willen und von daher eine Mitschuld an der Katastrophe vorwirft; vielleicht erfolgt die gewaltsame Loslösung vom Christentum aber auch deshalb, weil man den zerstörerischen Wahnsinn des über zwei Jahrtausende hinweg gepredigten Bibelwortes „Macht euch die Erde untertan!" erkannt hat.

Während der „Stuhl Petri" stürzt, führen die über den Balkan gegen Süd- und Mitteleuropa vorbrechenden Aggressoren ihren Angriff auf Ungarn, Österreich, Norditalien und die Schweiz durch, um von dieser Basis aus Frankreich zu erobern. Es scheint, als würden die „Östlichen" sich mit den Moslems in Paris und anderswo verbünden, so daß in Frankreich ein fundamentaler politischer Umsturz erfolgt und das Land zu einem Vorposten des Islam auf westeuropäischem Boden wird. Von dort aus weitet sich der Krieg wie ein Feuersturm nach Spanien, England und Skandinavien aus; eine weitere Front bildet sich mitten in Deutschland, dessen Ellenbogengesellschaft es nicht schaffte, die kurz vor der Jahrtausendwende erreichte politische Wiedervereinigung anschließend auch menschlich zu vollziehen.

Schlachten toben zudem auf den Meeren von Nordafrika bis zum Nordkap und unter Umständen jetzt auch schon vor den amerikanischen Atlantikküsten. Torpedos zerstören unterseeische Städte, und im Verlauf solcher Gemetzel werden Teile des Ozeans sich buchstäblich „rot von Blut färben", wie der Mönch von Wismar es in einer seiner beklemmendsten Schauungen sah.

Andere Visionäre, etwa Irlmaier oder die Sibylle von Prag, prophezeiten, daß in dieser Phase des Dritten Weltkrieges große Teile Britanniens in den Fluten versinken würden. Der indianische Seher Sun Bear wiederum sagte, die keltischen Landesteile Nordwales und Schottland würden am wenigstens zu leiden haben, weil sich die Menschen dort den Einklang mit der Natur mehr als andere Europäer bewahrt hätten. Laut den Weissagungen des Druiden Merlin aus dem fünften Jahrhundert soll nach dem endgültigen „Sieg des Roten über den Weißen Drachen" (des keltisch-heidnischen Geistes über den zerstörerischen christlichen) von diesen Ländern sogar die positive Erneuerung Europas ausgehen.

Um die Rettung der Biosphäre des Planeten geht es nun offenbar auf dem Höhepunkt des Krieges, wenn das „Volk des Siebengestirns" in das „Ringen zwischen Ost und West" eingreift. Dies geschieht im gleichen Moment, da der Dritte Weltkrieg - jetzt eventuell mehr denn je auch mit geklonten „Zombies" geführt - zur direkten Konfrontation zwischen Russen und Amerikanern in Alaska und Kanada eskaliert. Die Außerirdischen stellen sich gegen das „bärtige Volk", also gegen die weiße Rasse, beziehungsweise deren Führungsmacht USA, die in letzter Konsequenz die Hauptschuld für das Desaster auf dem Blauen Planeten tragen. Sie und ihre Vasallen haben in ihrer hemmungslosen neokapitalistischen Profitgier zahlreiche andere Völker und dazu die Natur an den Rand des Abgrunds getrieben; nun sehen die aus den Tiefen des Sonnensystems aufgetauchten UFO-Besatzungen keine andere Möglichkeit mehr, als das „Land im Westen" zu einem „Land der Zerstörung" zu machen.

Die Kämpfer von den Plejaden setzen zu diesem Zweck Waffen ein, „wie kein Mensch sie je gesehen hat"; darüber hinaus entsteht in der Zusammenschau der Prophezeiungen von Mönch und Fischer der Eindruck, als würden sie sich mit entfesselten Naturkräften verbünden: vor allem den Orkanen, die über den halben Globus rasen. Ihren letzten und entscheidenden Schlag führen die Außerirdischen gegen die nordamerikanischen Industriezentren, über denen zu diesem Zeitpunkt wie ein Fanal der „Kranz" der UFOs steht. Danach findet der Dritte Weltkrieg mit dem Zerfall der Vereinigten Staaten sein Ende. Noch geraume Zeit leidet der überlebende Teil der Menschheit unter den Folgen der Kataklysmen; es ist jedoch anzunehmen, daß das „Volk des Siebengestirns" humanitäre Hilfe gewährt.

Denn trotz des Kampfes, den sie gegen die „Bärtigen" führten, hassen die Außerirdischen die Bewohner der Erde nicht. Vielmehr sind ihre Absichten in letzter Konsequenz menschenfreundlich, wie ihre Botschaft, die der Mönch von Wismar ans Ende seiner Vision stellte, beweist: „Gott wird sprechen zu einem Manne: Sage dem Manne mit dem weißen Kleide und dem schwarzen Gesicht: Erhebe dich von deinen Banden und sei frei vom Joche der Ungläubigen."

*****

Die Völker des Blauen Planeten bekommen also die Chance zu einem Neuanfang, und dies vermittelt Hoffnung – trotz der zutiefst erschreckenden Aussagen in den Prophezeiungen von Mönch und Fischer. Mehr noch: Sofern die Menschheit im Übergang vom zweiten zum dritten Jahrtausend fähig ist, das Ruder herumzureißen, so daß die in den Weissagungen angesprochenen Fehlentwicklungen noch rechtzeitig korrigiert werden können, muß es gar nicht zu dem geschilderten „Harmageddon" kommen. Dann nämlich hätten Anton Johansson und der Mönch von Wismar das erreicht, was sie im tiefsten wollten: Die Weltbevölkerung eindringlich zu warnen und damit den Ausbruch der Katastrophe zu verhindern.

WEITERFÜHRENDE LITERATUR

Backmund, Norbert: Hellseher schauen in die Zukunft. Morsak Verlag, Grafenau 1991.

Bekh, Wolfgang Johannes: Bayerische Hellseher (Bayerische Hellseher/Das dritte Weltgeschehen). Droemersche Verlagsanstalt Th. Knaur Nachf., München 1985.

Gustafsson, A.: Merkwürdige Gesichte! Die Zukunft der Völker, gesehen vom Eismeerfischer Anton Johansson aus Lebesby. Aufgezeichnet zur Erweckung und Errettung der Menschheit. Aus dem Schwedischen übertragen. Sverigefondens Förlag, Stockholm 1953.

Schaller, Josef: Trilenium. Verlag A. Maier. Zwiesel 1994.

Wismarer Zeitung: Nochmals die Kriegsprophezeiung. Ausgabe Nr. 228 vom 30. September 1917.

*****

Werke des Autors zum Thema

Böckl, Manfred: Der Blinde Hirte von Prag. SüdOst Verlag, Waldkirchen 1992.

Böckl, Manfred: Mühlhiasl – Der Seher vom Rabenstein. SüdOst Verlag, Waldkirchen 1991 und Aufbau Verlag, Berlin 1997.

Böckl, Manfred: Propheten, Seher und Auguren. Goldmann Verlag, München 1998.

Böckl, Manfred: Der Mühlhiasl. Seine Prophezeiungen. Sein Wissen um Erdstrahlen, Kraftplätze und Heilige Orte. Buch & Kunstverlag, Amberg 1998.

Böckl, Manfred: Prophezeiungen für das neue Jahrtausend: Alois Irlmaier. SüdOst Verlag, Waldkirchen 1998.

Böckl, Manfred: Prophezeiungen für das neue Jahrtausend: Malachias. SüdOst Verlag, Waldkirchen 1998.

Böckl, Manfred: Prophezeiungen für das neue Jahrtausend: Johannes von Jerusalem. SüdOst Verlag, Waldkirchen 1998.

Böckl, Manfred: Prophezeiungen für das neue Jahrtausend: Sibylle von Prag. SüdOst Verlag, Waldkirchen 1998.

Böckl, Manfred: Prophezeiungen für das neue Jahrtausend: Merlin, SüdOst Verlag. Waldkirchen 1999.

Böckl, Manfred: Prophezeiungen für das neue Jahrtausend: Hildegard von Bingen. SüdOst Verlag, Waldkirchen 1999.

Böckl, Manfred: Prophezeiungen für das neue Jahrtausend: Blinder Hirte von Prag und Bauer aus dem Waldviertel. SüdOst Verlag, Waldkirchen 1999.

BILDNACHWEIS

S. 11, 14 18, 19, 39, 48, 57, 58, 60, 70
  Süddeutscher Verlag – Bilderdienst

Blick in die Zukunft
Prophezeiungen für das neue Jahrtausend

Die magische Zahl 2000 nähert sich im Eiltempo. Was wird im neuen Jahrtausend auf uns zukommen?

Schon immer gab es Propheten, die den Blick in die Zukunft wagten, doch meist wird deren Seriosität in Frage gestellt.

Der bekannte Autor Manfred Böckl hat sich auf die Suche nach „ernstzunehmenden" Propheten gemacht. Diese stellt er ausführlich vor, dokumentiert bereits eingetroffene Voraussagen und kommentiert die Schauungen für das neue Jahrtausend.

Jeder Band hat 96 Seiten, enthält zahlreiche Abbildungen und ist mit einem Schutzumschlag ausgestattet.

Bereits erschienen sind die Prophezeiungen von Sibylle von Prag, Johannes von Jerusalem, Alois Irlmaier, Malachias, Hildegard von Bingen, Merlin sowie die beiden Doppelbände Blinder Hirte von Prag/Waldviertler Bauer und Mönch von Wismar/Eismeerfischer Johansson.

SüdOst Verlag

ISBN 3-89682-045-1

ISBN 3-89682-046-X

ISBN 3-89682-047-8

„In jenen Tagen werden auf den Waldlichtungen die Eichen aufflammen, und die Eicheln werden auf den Lindenästen sprießen."

Diese Weissagung wurde vor eineinhalb Jahrtausenden abgegeben. In jener Epoche lebte in Britannien ein Druide, der unter dem Namen Merlin unsterblich wurde. Dieser keltische Visionär prophezeite nicht nur Ereignisse, die Jahrhunderte nach seinem Tod tatsächlich eintrafen, sondern er sah auch erschütternde Entwicklungen im dritten Jahrtausend voraus: Mutationen bei Pflanzen und Tieren, fortschreitende Umweltzerstörungen und sogar ein Kippen der Erdachse. Doch am Ende steht eine wunderbare Verheißung Die Menschheit werde ein „leuchtendes Bewußtsein" entwickeln ...

„Die gesamte Menschheit gerät in unvorstellbare Panik. Feuersäulen bersten aus der Erde, die Atemluft verflüchtigt sich; die Ozeane treten über ihre Ufer."

Hildegard von Bingen, deren 900. Geburtstag 1998 gefeiert wurde, galt bislang vor allem als Mystikerin, welche besonders wegen ihrer Heilkunst und ihrer Pflanzen- und Steinkunde gerühmt wurde. Daß sie aber auch sehr präzise Prophezeiungen abgab, ist nur wenigen bekannt. Angereichert mit einer Fülle an biographischen Informationen, stellt dieser Band eine noch relativ unbekannte Seite der Hildegard vor: Ihre Gabe der Vorhersehung, die sich bereits in frühester Kindheit abzeichnete und im Jahre 1147 sogar offiziell vom Papst bestätigt wurde.

„Ein neuer Krieg wird ausbrechen, dieser wird der kürzeste sein [...] Die Rache kommt übers große Wasser." *„Ein Konflikt auf dem Balkan und die Zerstörung New Yorks, das ist der Anfang der kriegerischen Auseinandersetzugen."*

Zwischen diesen beiden Prophezeiungen für das 3. Jahrtausend liegen gut 600 Jahre. Die erste stammt von einem blinden Hirten, der Mitte des 14. Jh. an den Hof Karls IV kam und den Kaiser durch eine große Prophezeiung schockierte, die größtenteils bereits eingetroffen ist. Die zweite Prophezeiung wurde in unseren Tagen abgegeben: Ein Bauer aus dem österreichischen Waldviertel, dessen Identität bisher niemand lüften konnte, schildert außerordentlich präzise Szenen aus den ersten Jahrzehnten des 21. Jahrhunderts.

ISBN 3-89682-041-9

Der irische Bischof *Malachias* aus dem 12. Jahrhundert wurde berühmt durch seine Papstprophezeiungen. Er gab eine Reihe von 112 Orakelsprüchen ab, von denen sich jeder auf einen Papst seit der Zeit unmittelbar nach Malachias bezieht und mit den tatsächlichen Pontifikaten verblüffend übereinstimmt.

ISBN 3-89682-040-0

Johannes von Jerusalem war einer der neun Gründer des geheimnisvollen Templerordens im 12. Jahrhundert. Seine Weissagungen waren jahrhundertelang verschollen und wurden erst zu Beginn der 90er Jahre in Rußland wiederentdeckt. Es handelt sich hierbei um 40 höchst beeindruckende Texte, die sich auf den Beginn und das Ende des dritten Jahrtausends beziehen.

Blick in die Zukunft

Prophezeiungen für das neue Jahrtausend

Alois Irlmaier lebte von 1894 bis 1959 in Freilassing. Aufgrund eines Nahtoderlebnisses im Ersten Weltkrieg wurde er zum Hellseher. Für das dritte Jahrtausend prophezeite er eine große Umweltkatastrophe und eine damit verbundene Klimaveränderung in Mitteleuropa. Irlmaier löste durch seine seherischen Fähigkeiten auch eine ganze Reihe spektakulärer Kriminalfälle.

ISBN 3-89682-043-5

Sibylle von Prag, eine verarmte böhmische Grafentochter, gab im Jahre 1616 ihre große Zukunftsschau in Druck. Die darin enthaltenen Prophezeiungen reichen bis weit in das 3. Jahrtausend. Es geht um einen Dritten Weltkrieg mit beklemmenden Schilderungen, aber auch um einen großen friedlichen Aufschwung der Menschheit nach diesen Fehlentwicklungen.

ISBN 3-89682-042-7